取材自然玩游戏

王梅英　主编

山东大学出版社
·济南·

图书在版编目(CIP)数据

取材自然玩游戏/王梅英主编.—济南:山东大学出版社,2020.11

ISBN 978-7-5607-6851-9

Ⅰ.①取… Ⅱ.①王… Ⅲ.①游戏课—学前教育—教学参考资料 Ⅳ.①G613.7

中国版本图书馆CIP数据核字(2020)第228865号

策划编辑 秦大忠
责任编辑 秦大忠
封面设计 米灿港

出版发行 山东大学出版社
社　　址 山东省济南市山大南路20号
邮政编码 250100
发行热线 (0531)88363008
经　　销 新华书店
印　　刷 山东和平商务有限公司
规　　格 720毫米×1000毫米 1/16
　　　　 11.25印张 202千字
版　　次 2020年11月第1版
印　　次 2020年11月第1次印刷
定　　价 48.00元

本书编委会

悦自然·越自然（代序）

“一花一世界，一叶一菩提”，沉浸自然之道，自有自然之乐。而当今习惯用物质代言欢乐的我们，是否还能与夏夜星空、月光流水、夕阳云霞保有灵动的相惜？都说“儿童是自然之子”，但他们却与爬树下河的畅快、和泥挖阱的喜悦、春种秋收的欢乐渐行渐远……“塑料时代”真的就这样应验了吗？

拒绝“被塑化”，撕掉“塑料人”的标签，我们欣喜地看到栖霞市机关幼儿园的幼教人在行动，这就是山东省示范性实验幼儿园王梅英园长和她的幼教团队！

悦自然，本来天性使然。栖霞市机关幼儿园位于以农业为主的城市的中心，农林物产丰富。这里的幼教人因地制宜，通过投放丰富多样的自然材料，创设支持孩子探索、发现和享受自然的生态教育环境，让孩子们在实际操作、亲身体验、直接感受中亲近自然，不断唤醒他们对大自然的喜爱之情，丰富对大自然的认识。“悦自然”不仅是孩子们的天性，也成就了这所幼儿园的灵动之美。

越自然，教育越可自现。当松果、树枝、布、麻绳、贝壳、果实、种子、泥沙、鹅卵石……越来越多地投放到幼儿园的各个角落，天生的游戏家们好似释放了无穷的能量，他们和自然材料和谐共生。这份浑然天成的互动也同时开启了栖霞市机关幼儿园幼教人的教育智慧：从一味追求华丽多样的区域设置转向切身感受孩子的兴趣需要，从宏观观赏孩子游戏中的喧哗快乐到微观观察孩子游戏中的有效学习。是啊，自然在哪里，教育就在哪里！栖霞虽然没有高架桥、飞机场，但有着原生态的土地资源、水资源、气候资源、生物资源等，这里正努力孕育着一切可能的幼儿教育能量。

本书主编王梅英园长身上有一股执着劲儿，这是一种全心全意为孩子们谋发展的探索精神，正是这样的幼教丹心赋予了她和她的团队以智慧和干劲。他们将理念付诸实践，再将实践升华为新的认知，为我们做出了良好的研究典范。该书为读者层层展现了幼儿园大、中、小班利用自然材料展开游戏的框架，提供了游戏设计参考，配以相应的游戏案例，具有良好的指导意义和实践应用价值。看了这本书的样稿，我更是对这种朴实无华的、自然生态的幼儿教育充满了期待！

“悦自然·越自然”——祝愿栖霞市机关幼儿园越办越好！

张卫东

2020年9月于山东大学幼教服务中心

目　录

上篇　自然材料玩教具设计参考

上　篇

自然材料玩教具设计参考

自然材料种类丰富，如何筛选有教育价值的材料融入幼儿游戏之中呢？提供怎样的工具支持教师有质量地开展活动呢？带着这两个问题的思考，在上篇中，我们分大班、中班、小班三个年龄段，分段呈现在教育实践中积累与总结出的自然材料玩教具设计参考及与之匹配的系列自然材料玩教具。其中，每一个玩教具设计，都具有取材身边超便捷、玩法简练有趣味、功能多样不拘泥这一开放的特性。有了这一套玩法参考，可以满足不同层次的教师实践的需要，可以保障自然材料融入游戏之中这一理念的有效落实，可以确保游戏活动开展的基本质量，更能激发教师们在此基础上展开更多的创造！

第一章 大班自然材料玩教具设计参考

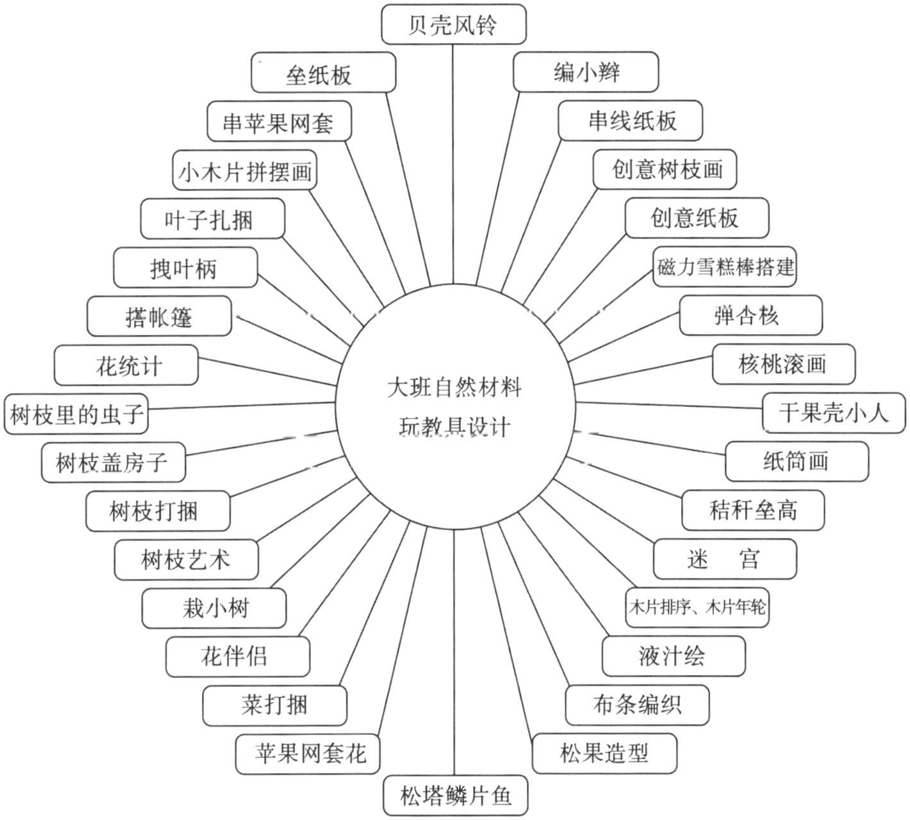

框架图

1.游戏名称:贝壳风铃

游戏材料:各种贝壳(事先打孔)。

辅助材料:丝线或麻绳、圆环形纸板、彩色吸管。

玩法参考:

幼儿可以合作制作,也可以独自完成。将各种贝壳和吸管间隔穿成串,系在环形纸板上,做成风铃,每串风铃的贝壳排序都要有规律。运用制作出来的风铃配乐开展音乐游戏。

2.游戏名称:编小辫

游戏材料:玉米皮、胶水、纸、水彩笔、麻绳。

玩法参考:

玩法一:单向编小辫

(1)将浸湿的玉米皮撕成大小宽窄基本相等的细条。

(2)将三根玉米皮条的一头用麻绳扎紧固定在栏杆或椅子腿、柜子上。

(3)用三根玉米皮条分别交替交叉编织小辫。

(4)玉米皮快用完时,取一根玉米皮条包住快用完的玉米皮条的尾部进行连接,使玉米皮条变长,依次继续进行编织,直至编出长长的玉米皮小辫。

玩法二：双向编小辫

(1)将浸湿的玉米皮撕成大小宽窄基本相等的细条。

(2)将三根玉米皮条的中间用麻绳扎紧。

(3)两人分别抓住玉米皮条的一端，向相反方向进行小辫编织，直至编成长长的玉米皮小辫。

(4)两人从麻绳捆扎的地方对折小辫，进行比对测量，看谁在相同的时间里编织的小辫更长。

玩法三：玉米皮小辫艺术创意

先在布或纸上设计好图案，再用编好的小辫按照图案进行粘贴，最后将粘贴好的小辫涂上颜色，做成装饰画装扮环境。

3.游戏名称：串线纸板

游戏材料：纸板、麻绳。

玩法参考：

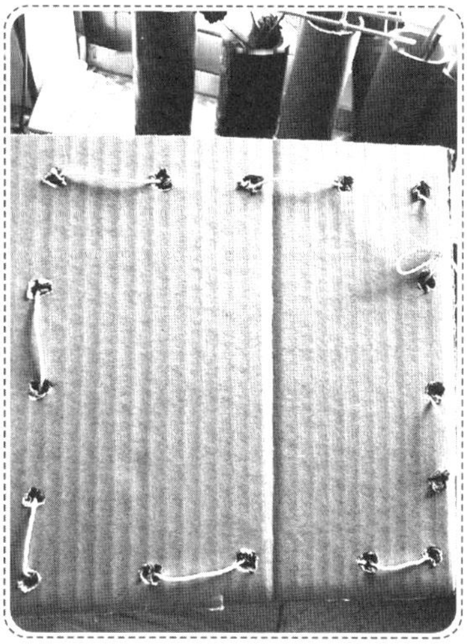

玩法一：穿线纸板迷宫

幼儿按自己的意愿用线在扎好洞的纸板上设计迷宫线路，设计好线路后和好朋友一起玩迷宫游戏。

玩法二：创意穿编

幼儿在纸板上设计图案及需要扎洞的位置，教师将幼儿设计的图案裁剪下来，并在需要扎洞的位置扎好洞，幼儿用线穿出图案。

4.游戏名称:创意树枝画

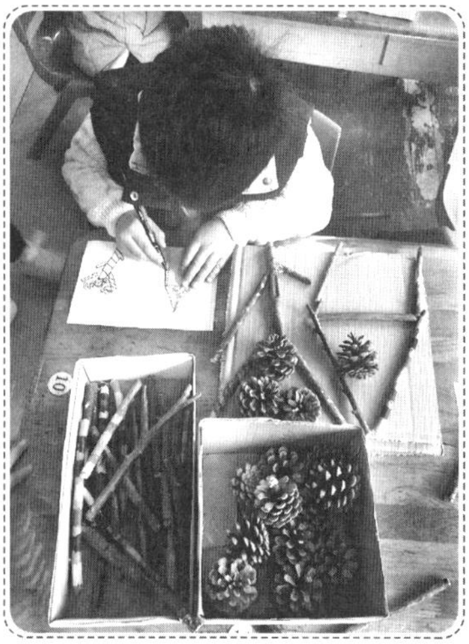

游戏材料:树枝。

辅助材料:纸板、水粉笔、水粉、胶棒。

玩法参考:

(1)先把松果和树枝用水粉涂上各种颜色。

(2)再将树枝粘在纸板上,制作创意画。

(3)用树枝创意画装饰环境。

5.游戏名称:创意纸板

游戏材料:松果、玉米粒、花生、小圆木片。

辅助材料:纸板。

玩法参考:

玩法一:无图案的自由创意

幼儿在无图案的纸板上,用松果、玉米粒、小圆木片、花生、小圆木片等进行自由创意拼摆,进行艺术创作。

玩法二:有设计的创意制作

先在纸板上设计好图案,再用松果、玉米粒、小圆木片、花生、小圆木片等进行组合拼摆粘贴。

6.游戏名称:磁力雪糕棒搭建

游戏材料:雪糕棒、磁力条。

辅助材料:磁力板。

玩法参考:

(1)将雪糕棒一面贴上磁条。

(2)在磁力板上用雪糕棒进行创意组合,构建各种图案(数字、动植物、日常用品、建筑物等)。

(3)对创意拼摆的图案进行记录。

7.游戏名称:弹杏核

游戏材料:杏核若干、纸筒、记录纸、小纸盒。

玩法参考:

玩法一:杏核进洞

(1)两人一组,每人前面放一个纸筒,纸筒口朝向自己。

(2)两人各抓一把杏核撒在垫子或地板上。

(3)猜拳定胜负,赢者用大拇指勾住食指或中指,形成一个圆圈,然后食指或中指突然发力向外弹出,击打其中的一个杏核,将杏核弹到前面的纸筒里。

(4)依此类推,待所有杏核都弹到纸筒里后,数一数各自赢了几个杏核,并做记录。

玩法二：隔山打牛

(1)两人一组，每人拿一个小纸盒放在自己旁边。

(2)两人各抓一把杏核撒在垫子或地板上。

(3)猜拳定胜负，赢者用大拇指勾住食指或中指，形成一个圆圈，然后食指或中指突然发力向外弹出，击打第一个杏核去撞击第二个杏核，用第二个杏核撞击到几个杏核，就把这几个杏核“吃掉”——放到自己的盒子里，然后再猜拳继续游戏。如果第二个杏核没有撞击到其他杏核就重新猜拳开始游戏。

(4)游戏结束后，数数谁赢得的杏核最多，并做记录。

8.游戏名称：核桃滚画

游戏材料：核桃、各色颜料、盘子、白纸。

游戏参考：

玩法一：小核桃会画画

(1)将几颗核桃涂上不同的颜色。

(2)把涂有颜色的核桃放在铺有白纸的盘子里。

(3)来回转动盘子，使核桃在盘子里滚动，白纸上即会出现核桃移动的轨迹，形成漂亮的图案。

玩法二：核桃滚画创意画

(1)将几颗核桃涂上不同的颜色。

(2)把涂有颜色的核桃放在铺有白纸的盘子里。

(3)来回转动盘子，使核桃在盘子里滚动，白纸上即会出现核桃移动的轨迹，形成漂亮的图案。

（4）幼儿根据核桃滚画出的图案进行创意添画，变成漂亮的创意画。

9.游戏名称：干果壳小人

游戏材料：各种干果壳。

辅助材料：牛皮纸、水彩笔、小布片、彩色卡纸、胶水等。

玩法参考：

玩法一：干果壳创意画

（1）将干果从中间分开，取一半完整的干果壳，粘在卡纸上。

（2）在干果壳上添画五官、四肢，变成不同动作、表情的小人，并进行自由想象添画。

玩法二：干果壳小人

（1）在干果壳上扎上洞，将麻绳剪出合适的长度，系在扎好的洞上做胳膊和腿，并用卡纸剪出手和脚的形状粘在麻绳上。

（2）用布片剪出衣服粘在干果壳下面，做成可爱的干果壳小人。

10.游戏名称:纸筒画

游戏材料:纸筒。

辅助材料:马克笔、彩笔、用蔬菜等刻好的拓印模具、报纸团儿、颜料等。

玩法参考:

玩法一:纸筒拓印画

取一个喜欢的纸筒,用各种拓印模具蘸取颜料在纸筒上拓印,形成纸筒创意拓印画。

玩法二:纸筒画

用马克笔或彩笔在纸筒上进行绘画创作,形成纸筒画。

11.游戏名称:秸秆垒高

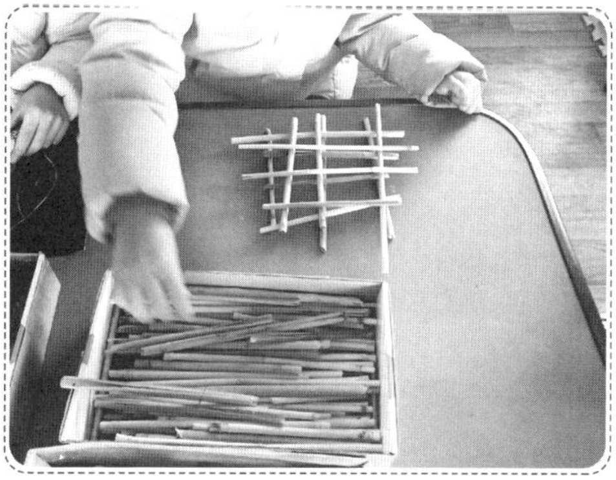

游戏材料:秸秆。

玩法参考:

玩法一:秸秆高楼

幼儿按自己的意愿选取几根秸秆做框架,打好底层,然后层层往上垒高,搭建高楼。

玩法二:十字交叉叠叠高

将秸秆十字交叉一层一层向上垒高,锻炼垒高的平衡能力。

12.游戏名称:迷宫

游戏材料:缝好迷宫线路的布(小手帕)、松果。

玩法参考:

(1)教师先在布或小手帕上缝好迷宫线路。

(2)幼儿两人一组,将松果放在迷宫的入口处。

(3)两人合作拉紧迷宫布,通过抬高或降低手的高度的方式,使松果按迷宫线路移动至出口。

13.游戏名称：
木片排序、木片年轮

游戏材料：圆木片。

辅助材料：纸、笔。

玩法参考：

玩法一：圆木片排序

(1)将大小不同的圆木片按由粗到细、由细到粗的规律排序，并将排序方式画在记录纸上。

(2)将圆木片按照粗细不同进行ABABAB、ABCABCABC等模式的排序。

玩法二：数年轮

数一数每一个圆木片上的年轮，并在记录纸上做记录。

14.游戏名称：液汁绘

游戏材料：鲜树叶、鲜花、白布、积木(小木槌)、水粉颜料、水粉笔。

玩法参考：

玩法一：液汁画

(1)在平整坚硬的平面上放一张白纸。

(2)纸上放上鲜树叶或鲜花。

(3)鲜树叶或鲜花上覆盖一层棉质白布。

(4)用积木或小木锤在布上均匀敲打,鲜树叶或鲜花的汁液会浸染在白布上。

(5)欣赏漂亮的树叶纹理或美丽的鲜花印记。

(6)用液汁画装饰环境。

玩法二:树叶拓印画

(1)捡拾心仪的树叶。

(2)用水粉笔在树叶的背面刷上颜料。

(3)将刷上颜色的树叶放在纸上,用手均匀按压树叶,清晰的树叶纹理跃然纸上。

玩法三:树叶拓印填画

在拓印好的树叶画或鲜花液汁画的基础上进行创意添画。

15.游戏名称:布条编织

游戏材料:布条。

玩法参考:

玩法一:布条织网

(1)教师将布条一根根间隔一定距离固定在栏杆上。

(2)引导幼儿将相邻的布条一层一层交叉打结,编织成网状。

玩法二:编小辫

将布条固定在娃娃头上或栏杆上供幼儿编小辫。

16.游戏名称：松果造型(松果、蛋托)

游戏材料：松果、蛋托。

玩法参考：

(1)将蛋托固定在墙面或柜子背面。

(2)把松果嵌到蛋托里，嵌出数字或者人物、动物、建筑物等造型。

17.游戏名称：松塔鳞片鱼

游戏材料：刮画纸。

辅助材料：刮画笔、松塔鳞片、胶水。

玩法参考：

(1)先在刮画纸上用刮画笔画出鱼的轮廓。

(2)用胶水将松塔鳞片粘在鱼身上做鱼鳞。

(3)用作品装饰环境。

其他玩法：

在刮画纸上画出不同轮廓，把松塔鳞片粘在纸上，做出不同的造型，如：做房顶，添画成蝴蝶、小鸟等。

18.游戏名称:苹果网套花

游戏材料:苹果网套。

辅助材料:剪刀、绳子、小木棒。

玩法参考:

(1)取自己喜欢的颜色的网套,根据自己的设计剪掉多余部分,做成花瓣。

(2)另取不同颜色的网套,剪取1/2,缠绕到小木棒上,用绳子扎紧做花心。

(3)沿着花心将花瓣一层层用绳子绑到小木棒上,一朵花就做好了。

19.游戏名称:菜打捆

游戏材料:蔬菜、布条。

玩法参考:

(1)幼儿去小菜园收获小白菜苗,去掉老叶子,剪掉根部,修整干净。

(2)放好布条,将整理好的菜苗放在布条上,学习用布条进行捆绑。

(3)捆好后,将菜苗在货架上摆好,开展超市游戏。

20.游戏名称:花伴侣

游戏材料:户外花坛里的花、记录纸、笔。

玩法参考:

玩法一:

幼儿拿记录纸到花坛里寻找自己喜爱的花,根据花的颜色和种类进行分类,并在记录纸上记录。

玩法二:

收集喜欢的花瓣夹在书中,做花瓣书签;也可将整朵花在纸上摆好造型,覆盖多层纸,做成干花。

21.游戏名称:栽小树

游戏材料:小木棍若干。

辅助材料:纸板制作的九宫格“土地”两块、记录纸、水彩笔。

玩法参考:

(1)每人取一块九宫格“土地”,两人猜拳定胜负,赢者先掷骰子,根据骰子的数量在“土地”上栽小树,一个洞插一根小木棍。

(2)栽满一个小方格再栽下一个小方格,先把整块“土地”栽满的为赢者。

(3)在记录纸上记录共进行了几次猜拳、每次栽了几棵小树，最后统计一下谁赢的次数多。

22.游戏名称：树枝艺术

游戏材料：苹果枝、鞋盒、剪刀、毛线、双面胶。

玩法参考：

(1)幼儿根据自己的需要，将苹果树枝进行修剪造型。

(2)用毛线、橡皮泥等给树枝进行装饰，粘在鞋盒上做成漂亮的树枝画装饰环境。

23.游戏名称：树枝打捆

游戏材料：苹果枝。

辅助材料：布条、记录纸、水彩笔。

玩法参考：

(1)幼儿将散乱的树枝进行整理。

(2)两人合作，一人放绳子，一人往绳子上放树枝，10根树枝捆成一捆，看哪一组在规定时间内捆扎的数量多。

(3)在记录纸上记录本组共捆了几捆。

24.游戏名称:树枝盖房子

游戏材料:苹果枝、布条、白纸、水彩笔。

玩法参考:

(1)幼儿合作将树枝进行捆扎。

(2)设计图纸。

(3)根据图纸进行搭建。

25.游戏名称:树枝里的虫子

游戏材料:树枝。

辅助材料:放大镜、记录纸、笔。

玩法参考:

(1)为幼儿提供各种树枝和放大镜。

(2)幼儿用放大镜观察,寻找树枝里的虫子。

(3)将有虫子的树枝和没虫子的树枝进行分类。

(4)探究有虫子的树枝与没虫子的树枝的区别。

(5)在记录纸上记录。

26.游戏名称:花统计

游戏材料:笔、记录纸。

玩法参考:

(1)观察幼儿园里花的种类、颜色。

(2)绘制统计表,可以根据花的种类、颜色及其他特征进行分类。

(3)与同伴分享交流统计结果。

27.游戏名称:搭帐篷

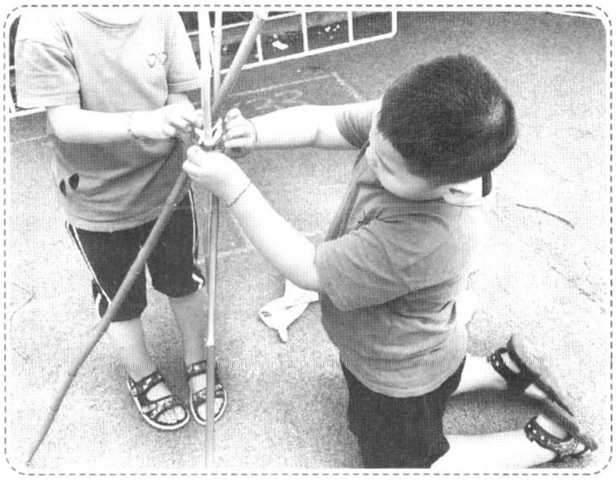

游戏材料:竹竿。

辅助材料:绳子、记录纸、笔、布。

玩法参考:

玩法一:搭帐篷

(1)幼儿两人一组,共同探讨怎样使竹竿立起来。

(2)学习借助绳子,尝试通过捆扎的形式使竹竿立起来。

(3)在立好的竹竿上搭上布做成帐篷,在帐篷里看书、游戏。

玩法二:立竹竿

探索尝试在不借助绳子的情况下,最少用几根竹竿相互支撑就能使竹竿立起来。

28.游戏名称:拽叶柄

游戏材料:叶柄、纸、记录笔。

玩法参考:

(1)幼儿寻找喜欢的叶子。

(2)两人各自拿叶柄交叉后用力拽,谁的叶柄先被拉断则输掉一局。

(3)叶柄断掉的一方换一个叶柄继续游戏。

(4)游戏可多次进行,看谁赢的次数多,并做好记录。

29.游戏名称:叶子扎捆

游戏材料:叶子。

辅助材料:毛线、记录纸、水彩笔

玩法参考:

(1)户外捡拾树叶。

(2)把相同的叶子10片一捆用毛线捆扎好。

(3)在记录纸上记录捆了几捆树叶。

(4)10个10个地数,记录一共有多少片叶子。

30.游戏名称:小木片拼摆画

游戏材料:形状、大小不一的木片若干,纸,笔。

玩法参考:

玩法一:拼摆小动物

幼儿在纸上设计图案,根据图案用木片进行拼摆,如毛毛虫、小熊等。

玩法二:木片排序

把木片按规律排序,如 ABABAB、ABBABBABB、ABCABC 等,并做记录。

玩法三:拼摆数字

用木片拼摆 1～10 十个数字,并记录在纸上。

31.游戏名称:串苹果网套

游戏材料:苹果网套、记录纸、笔。

辅助材料:钻上洞的大木片、能插进洞去的木棒

玩法参考:

(1)将不同颜色的苹果网套裁剪成各种图形。

(2)按照网套的形状、颜色等有规律地串在木棒上,并将木棒插到大木片上。

(3)在纸上记录串设的各种规律形式,统计网套的总数量并记录。

32.游戏名称:垒纸板

游戏材料:大小相等的纸板若干。

玩法参考:

(1)用废旧纸箱切出若干个相同大小的长方形纸板。

(2)用两个纸板顶端相抵搭成一个三角形,按照此方式依次搭建多个三角形,每个三角形底端相连搭好第一层。

(3)在两个三角形顶端各放一块纸板,形成一个平面作为第二层。

(4)按照此方式依次向上搭建。

(5)比比谁搭得高并做记录。

第二章 中班自然材料玩教具设计参考

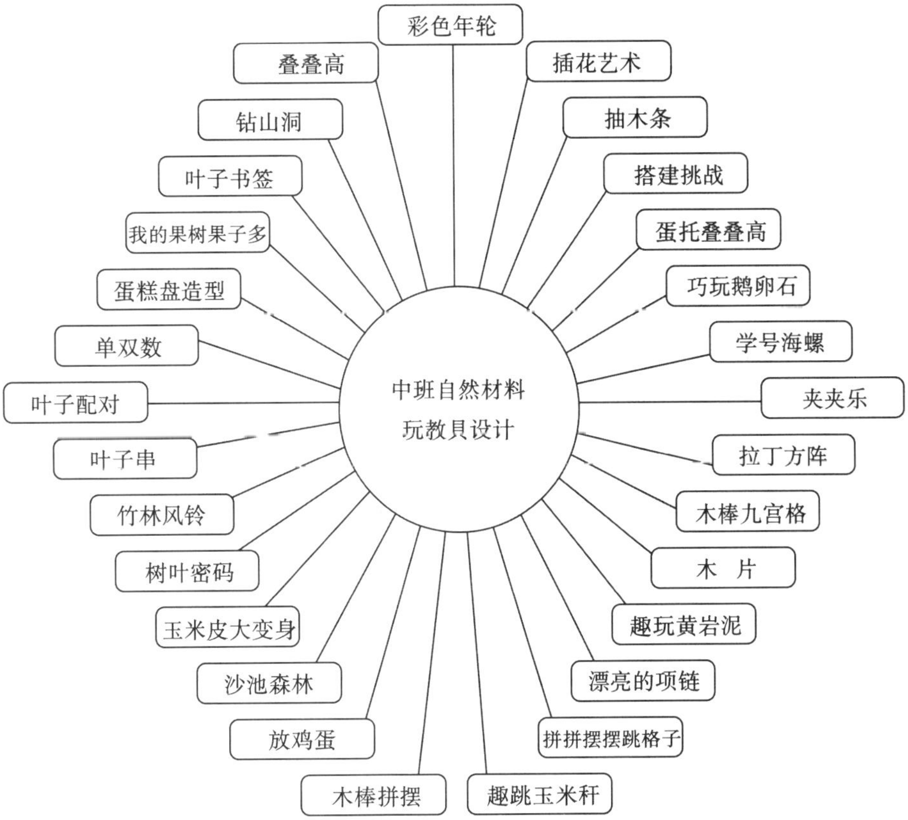

框架图

1.游戏名称:彩色年轮

游戏材料:钻有小孔的薄木墩、与小孔粗细相匹配的木棍。

辅助材料:彩线

玩法参考:

(1)选取适量的木棍,把木棍插到木墩相对应的孔里。

(2)用彩线在木棍上进行创意缠绕。

(3)几个木墩组合在一起,用彩线进行创意缠绕。

2.游戏名称:插花艺术

游戏材料:玻璃瓶、麻绳、干树枝、狗尾巴草、芦苇草。

辅助材料:剪刀

玩法参考:

(1)把干树枝或狗尾巴草插入瓶中。

(2)把树叶、芦苇草等用麻绳系在干树枝上进行装饰,并用剪刀进行修剪。

(3)作品放到展览区供大家欣赏。

3.游戏名称:抽木条

游戏材料:长短大致相同、表面比较光滑的木条若干。

辅助材料:笔、记录纸

玩法参考:

(1)3 名幼儿一组,其中一名幼儿当裁判,两名幼儿进行比赛。

(2)裁判将所有木条握在手中,在桌子上散开,两名幼儿猜拳,赢者抽一根木条,其他木条不能动,若动了,则重新开始游戏。

(3)裁判负责记录每个幼儿抽走的木条数,直到所有木条全部抽完。

(4)裁判根据记录判定抽走木条多者获胜。

(5)3 名幼儿轮换进行游戏。

4.游戏名称:搭建挑战

游戏材料:长度大致相同的木棒若干。

玩法参考:

(1)4 人一组,手心手背猜拳,决定谁先开始。

(2)将木棒横竖交叉叠放,每人每次放两根。

(3)看看能叠多少层,谁叠倒了就淘汰出局,其他人继续游戏。

5.游戏名称:蛋托叠叠高

游戏材料:蛋托若干。

辅助材料:酸奶盒、松果、木桩等。

玩法参考:

(1)将蛋托像积木一样进行搭建。

(2)借助其余辅助材料在蛋托上进行装饰。

(3)搭建完成后,交流分享。

6.游戏名称:巧玩鹅卵石

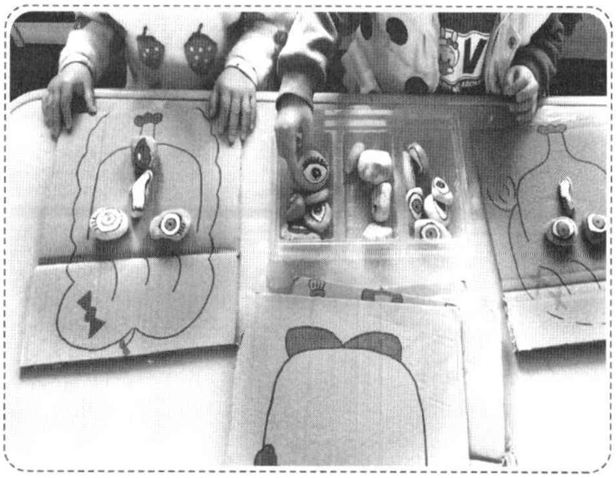

游戏材料:鹅卵石。

辅助材料:纸壳小人模板、水粉、笔、记录纸。

玩法参考:

玩法一:单人拼鹅卵石五官

(1)选择喜欢的鹅卵石,分别在鹅卵石上画五官,一块鹅卵石上只画一个部位。

(2)将画好的鹅卵石五官摆放在小人模板的相应位置。

玩法二:双人拼鹅卵石五官

(1)两人一组,共用一张小人模版。

(2)猜拳决定谁先开始，赢者先在小人模版上摆放鹅卵石，输者后放。

(3)把拼摆好的小人以绘画的形式记录下来。

7.游戏名称：学号海螺

游戏材料：标有序号的海螺壳、玉米粒若干。

辅助材料：酸奶盒。

玩法参考：

(1)把一号海螺壳装满玉米，倒入酸奶盒，并在记录纸上进行记录，待酸奶盒装满后，统计出装满酸奶盒需要倒几次。

(2)依次进行其他序号海螺壳的操作。

(3)通过记录判断海螺壳容量大小。

8.游戏名称：夹夹乐

游戏材料：半个蛋托 2 个，筷子 2 双，彩泥小球若干。

玩法参考：

(1)两人各取半个蛋托，猜拳定输赢，赢者用筷子夹小球放进蛋托中，若小球掉落，则重新猜拳开始游戏。

(2)比比看谁的蛋托最先装满。

9.游戏名称:拉丁方阵

游戏材料:

(1)废纸板上画出 7×7 的方块,贴上几个作为定位的色块。

(2)7 种颜色的色块,每种 7 个。

玩法参考:

(1)将彩色小色块任意摆在纸板上。

(2)要求横排竖列都不能有重复的颜色。

(3)看看有多少种摆放方式,并进行统计。

10.游戏名称:木棒九宫格

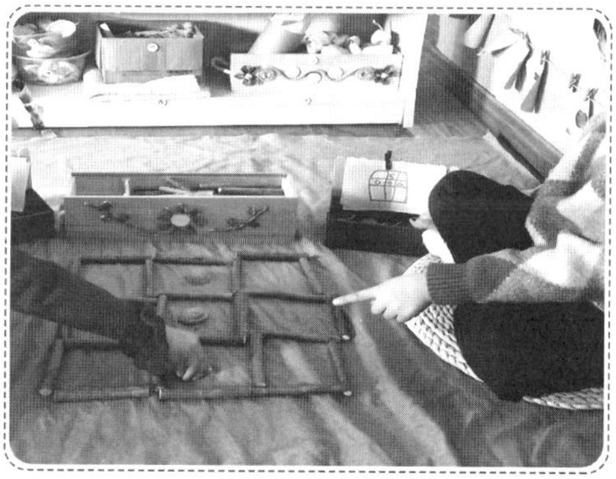

游戏材料:短木棒 30 根,棋子两副(花生、鹅卵石、核桃壳等各一小盒)。

辅助材料:纸、笔。

玩法参考:

(1)两人一组,用木棒摆出九宫格,并选定自己的棋子。

(2)两人剪刀石头布,赢的一方放一个棋子,输的一方不能放。

(3)最后谁的三颗棋子连成一条线,谁就是胜利方并进行记录。

(4)统计自己每种连线方式共赢了几次。

11.游戏名称:木片

游戏材料:薄木片、纸圈、记录纸、彩笔、双面胶等。

玩法参考:

玩法一:制作艺术品

(1)将双面胶缠绕在纸圈上。

(2)依次将小木片粘贴在纸圈上,制作成王冠或者手环等艺术品。

玩法二:描画年轮

(1)选择自己喜欢的木片。

(2)用彩笔在木片上描画出木片的年轮,并用笔在纸上记录。

12.游戏名称:趣玩黄岩泥

游戏材料:和好的黄岩泥、罩衣、搅拌棒、木板或木墩。

玩法参考:

(1)取适量黄岩泥通过揉、搓、捏、团等方式做出不同泥塑造型。

(2)可以与同伴进行组合造型。

(3)将做好的泥塑放到木板或木墩上进行展示。

13.游戏名称:漂亮的项链

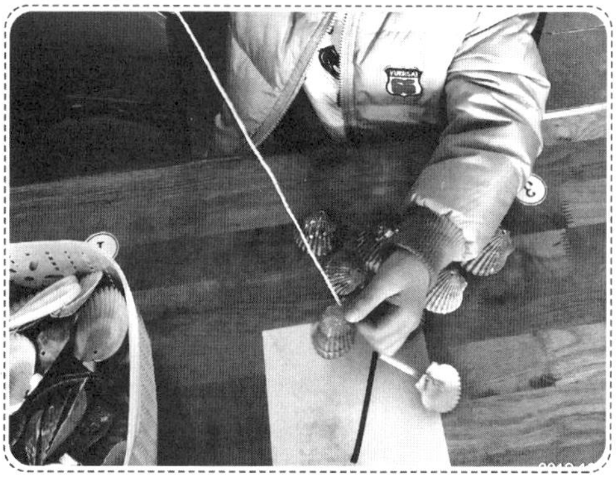

游戏材料:贝壳、麻绳、吸管、纸、笔。

玩法参考:

(1)在纸上设计项链图案。

(2)幼儿根据设计图案把贝壳、麻绳、吸管串起来,变成一条漂亮的项链。

(3)比一比谁的项链更有创意。

14.游戏名称:拼拼摆摆跳格子

游戏材料:玉米棒、带皮和剥皮的玉米若干、小石子两颗。

玩法参考:

(1)用玉米棒和玉米摆出跳格子的形状。

(2)遇到一个格子单脚跳,遇到两个格子双脚跳。

(3)两个人石头剪刀布,赢的人将小石子按照顺序扔到第一个格子中,扔中了则继续向前跳,没有扔中则需要重新石头剪刀布决定谁跳,谁先将小石子扔进最后一个格子里谁就赢了。

15.游戏名称:趣跳玉米秆

游戏材料:玉米秆若干。

玩法参考:

(1)3 人一组,每组 2 根玉米秆,2 个孩子扶玉米秆两头。

(2)跳的幼儿要跳过玉米秆。

(3)腿脚不能碰到玉米秆,碰到了就换另一人跳。

16.游戏名称:木棒拼摆

游戏材料:小木棒、笔、记录纸。

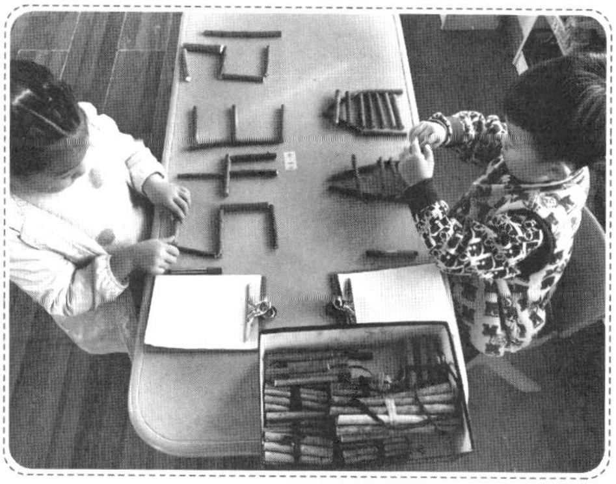

玩法参考:

玩法一:拼摆数字

用小木棒拼摆出数字并在纸上记录。

玩法二:拼摆图案

用小木棒拼摆各种图案并在纸上记录。

17.游戏名称:放鸡蛋

游戏材料:仿真鸡蛋若干、蛋托2个、笔2支、统计表2张、点数骰子1个。

玩法参考:

(1)两人猜拳,赢者先扔骰子,骰子上的数字是几就拿几枚鸡蛋,摆在自己的蛋托上。

(2)六轮为一局,数一数每人赢了几枚鸡蛋。

(3)最后做好游戏记录。

18.游戏名称:沙池森林

游戏材料:树枝、铲子。

玩法参考:

(1)用铲子在沙池中挖沙洞。

(2)用树枝代替树苗,模拟种树。

(3)与同伴分享自己的种植经验,体验种植树木的乐趣。

19.游戏名称:玉米皮大变身

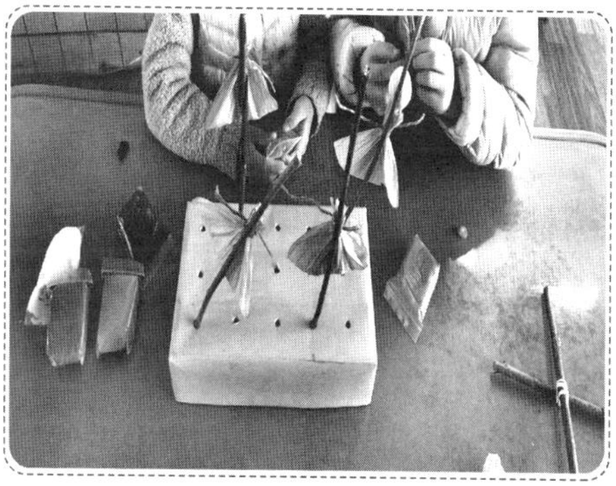

游戏材料:玉米皮、麻绳或皮筋、废旧纸盒做的底座、树枝、超轻黏土

玩法一:制作玉米皮小人

(1)将树枝固定在底座上。

(2)玉米皮对折,对折好的玉米皮中间用麻绳扎紧,变成小人的裙子。

(3)把玉米皮裙子粘贴在树枝上,用超轻黏土制作小人的脸和手。

(4)拿下小人,双手对搓使小人转动起来。

玩法二:制作玉米皮花

(1)玉米皮对折,用皮筋扎紧。

(2)将玉米皮撕成细条,变成一朵玉米皮花。

20.游戏名称:树叶密码

游戏材料:树叶、遮阳网、笔、记录纸。

玩法参考:

(1)透过遮阳网观察树叶。

(2)发现树叶上的秘密:同种类的树叶叶脉的长短、数量,不同种类的树叶形状、叶脉的分布等。

(3)尝试记录。

21.游戏名称:竹林风铃

游戏材料:打好洞的贝壳、绳子。

玩法参考:

(1)把不同种类、不同大小的贝壳用绳子串起来变成风铃。

(2)将风铃系在竹子上,静听竹林风铃声。

22.游戏名称:叶子串

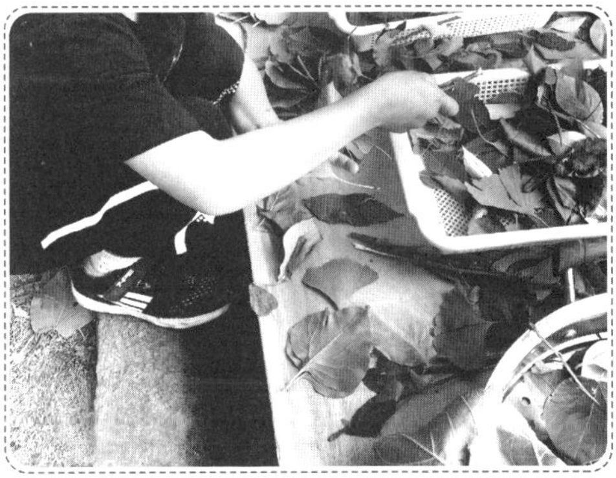

游戏材料:树叶、细木棍。

玩法参考:

玩法一:制作叶子串

(1)选取长度适宜的细木棍。

(2)把树叶按由大到小或由小到大的顺序穿到细木棍上,制作叶子串。

玩法二:分类制作叶子串

(1)将不同种类的树叶进行归类。

(2)将树叶按一定规律,如 AABBAABBAABB 或 ABABAB 等模式穿到细木棍上,制作叶子串。

23.游戏名称:叶子配对

游戏材料:树叶。

玩法参考:

(1)在带领幼儿户外活动时,引导幼儿观察各种落叶。

(2)每人捡拾一片树叶。

(3)寻找与自己手中树叶同种类的树叶进行配对。

24. 游戏名称:单双数

游戏材料:标有单双数的蛋托各一个、贴有数字的核桃。

玩法参考:

(1)把贴有数字的核桃,按照单数或双数进行分类。

(2)幼儿将分类后的核桃放入相对应的蛋托中。

(3)比一比谁放得又快又准确。

25.游戏名称:蛋糕盘造型

游戏材料:蛋糕盘、红枣、花生、鹅卵石。

玩法参考:

(1)将蛋糕盘作为面部的轮廓。

(2)用红枣、花生、鹅卵石等作为五官进行装饰,可拼出面部多种表情。

(3)看看谁的表情更丰富。

26.游戏名称:我的果树果子多

游戏材料:树枝、苹果。

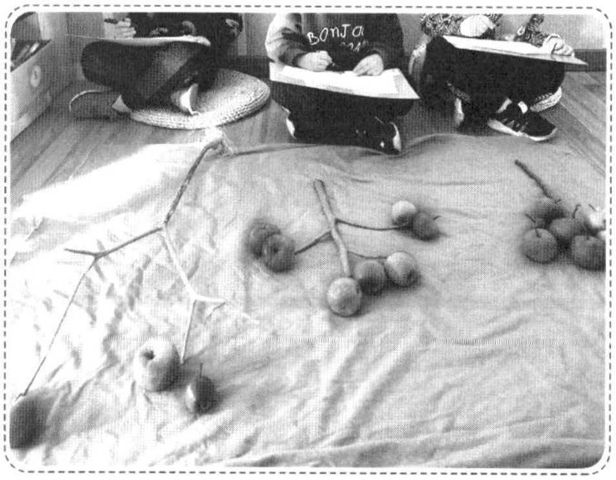

玩法参考:

(1)用粗细不同的树枝摆放成树的形状,在“树枝”上放满苹果。

(2)比一比谁的果树果子多,谁的果树形状更好看。

(3)做好记录。

27.游戏名称:叶子书签

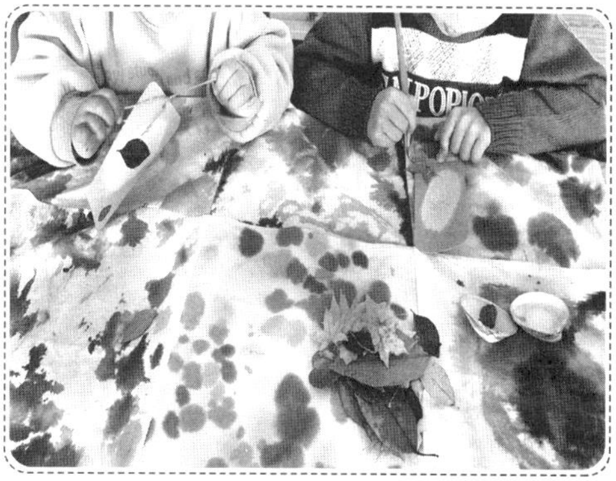

游戏材料:牛皮纸、麻绳、各种干树叶、红色颜料、白乳胶。

玩法参考:

(1)在干树叶背面涂上白乳胶,粘到牛皮纸上。

(2)把牛皮纸打孔穿上麻绳。

(3)拇指沾红色颜料,按上自己的手印,叶子书签就完成了。

28.游戏名称:钻山洞

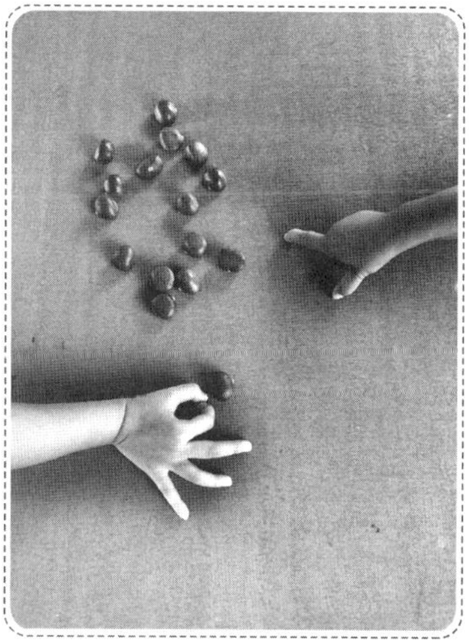

游戏材料:纸板、板栗。

玩法参考:

(1)两人一组,通过石头剪刀布的方式,赢的一方弹板栗,对方手指支撑做拱门,通过瞄准、弹射,使板栗穿过拱门。

(2)若弹射失败,双方互换角色。

(3)将所有板栗弹完,比比谁赢得多。

29.游戏名称:叠叠高

游戏材料:松果、酸奶盒、纸板、圆木桩

玩法参考:

玩法一:单人垒高

把废旧纸箱裁成长方形、正方形、圆形、梯形等各种形状的纸板,每种形状的纸板大小不一。幼儿任选一种形状的纸板,按照一层纸板一层圆木桩(松果或酸奶盒)的顺序往上垒高,作为支撑的圆木桩或其他材料的数量由下往上层层递减。最后统计高楼层数,进行记录。

玩法二:多人垒高比赛

幼儿自由结伴,与同伴一起商定垒高形式及规则,进行垒高比赛,看谁垒得高。

第三章 小班自然材料玩教具设计参考

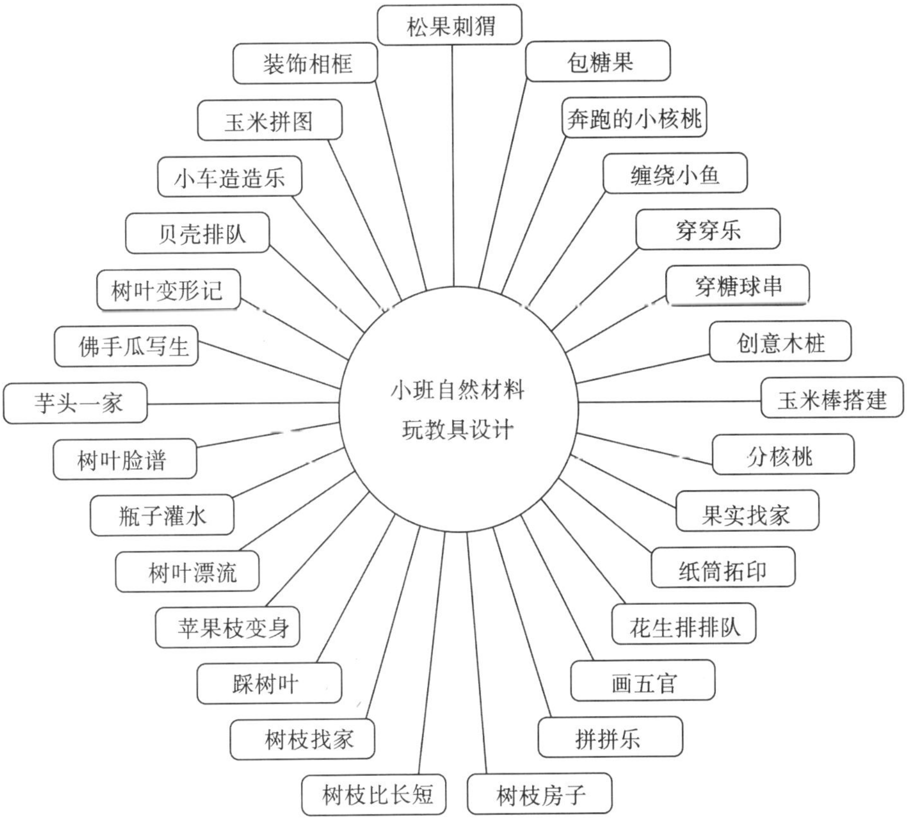

框架图

1.游戏名称:松果刺猬

游戏材料:松果、太空泥。

玩法参考:

(1)幼儿用太空泥捏出刺猬身上的小圆刺粘在松果上。

(2)用另一种颜色的太空泥捏出刺猬的眼睛和鼻子粘到松果上。

(3)用做好的小刺猬装饰环境。

2.游戏名称:包糖果

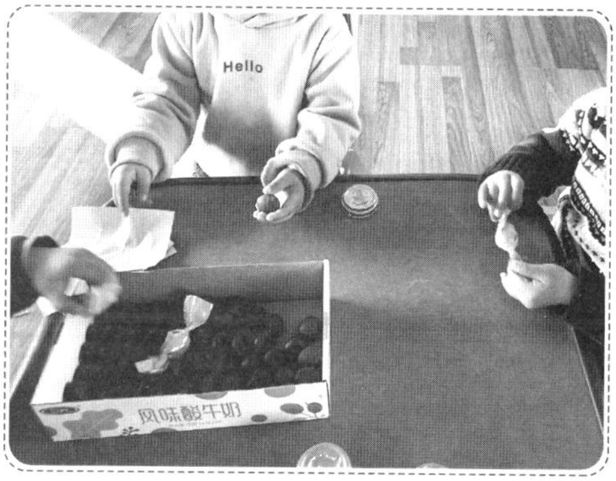

游戏材料:板栗、裁好的长方形彩色皱纹纸。

玩法参考:

(1)将皱纹纸平铺在桌子上。

(2)将板栗放在皱纹纸中央。

(3)用皱纹纸将板栗包裹起来。

(4)将皱纹纸两边拧紧,美味的糖果就做出来了。

(5)数一数自己包了几颗糖果,比一比谁包的糖果多。

3.游戏名称:奔跑的小核桃

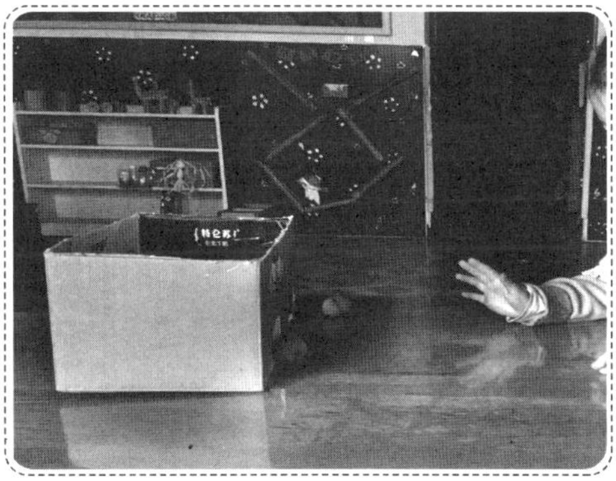

游戏材料:核桃、纸盒做的娃娃嘴巴。

玩法参考:

(1)纸盒放在桌子上,适量的核桃放在纸盒前。

(2)幼儿尝试滚动核桃,使其进入"嘴巴"里。

(3)熟练之后,两名幼儿各取3个核桃,在规定的时间内进行比赛,看谁的小核桃又快又准地跑到"嘴巴"里。

4.游戏名称:缠绕小鱼

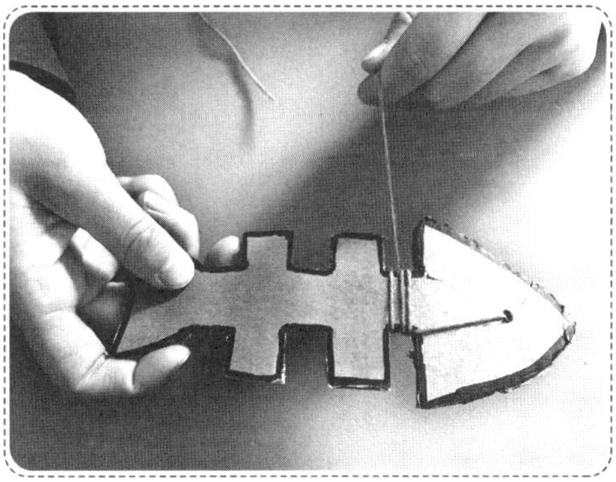

游戏材料:纸板裁剪好的小鱼、毛线。

玩法参考:

(1)教师将毛线的一头系在小鱼上。

(2)幼儿一只手握在鱼头部位,另一只手将毛线缠绕在鱼骨凹陷处。

(3)重复练习,熟练后可增加难度,比如十字缠绕等。

5.游戏名称:穿穿乐

游戏材料:纸筒。

辅助材料:木板、珍珠棉、毛线。

玩法参考:

(1)按规律排序:将纸筒按照由高到矮、由粗到细的顺序进行排列。

(2)在珍珠棉上抠出大小不同的圆形孔,将纸筒与圆形孔一一对应插入。

(3)用毛线在多个纸筒上缠绕出各种立体网格线,幼儿在网格线中穿来穿去玩游戏。

6.游戏名称:穿糖球串

游戏材料:山楂、木棍。

玩法参考:

(1)幼儿练习将山楂一个一个地穿到小棍上,保证山楂不掉下来。

(2)按照由小到大或由大到小的顺序依次有规律穿糖球。

(3)两名幼儿进行比赛:规定一次穿5个糖球,谁穿得快谁就胜利。

7.游戏名称:创意木桩

游戏材料:木桩。

辅助材料:玉米皮、圆木片、毛线、太空泥、树枝。

玩法参考:

(1)木桩小人:用木桩当身体,圆木片当眼睛,毛线或者玉米皮当头发,制作木桩小人。

(2)创意木桩:用太空泥搓成不同的形状直接粘在木桩上,变成五彩木桩。

(3)排序:在钻好洞的木桩上插上树枝,根据树枝的数量对木桩进行排序。

8.游戏名称:玉米棒搭建

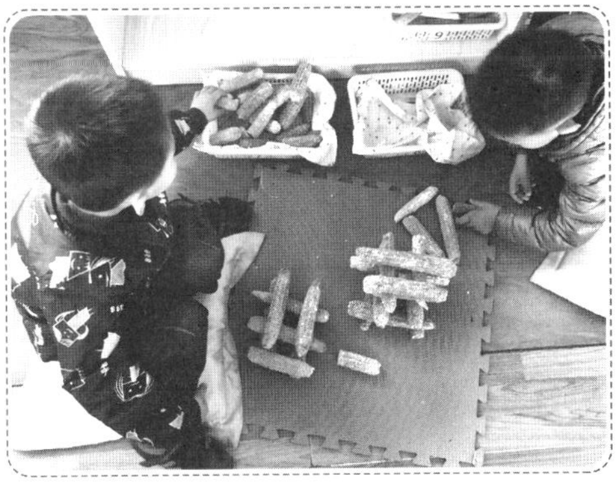

游戏材料:玉米棒。

玩法参考:

(1)幼儿将玉米棒两两交错进行自由搭建。

(2)幼儿之间进行搭建比赛,看谁搭得高。

(3)尝试进行三角形、多边形等不同形状的搭建。

9.游戏名称:分核桃

游戏材料:核桃。

辅助材料:瓶盖若干。

玩法参考:

(1)幼儿将核桃放在瓶盖上,看看最多放几个。

(2)两人进行比赛,看谁瓶盖上的核桃多。

10.游戏名称:果实找家

游戏材料:板栗、花生、山楂。

辅助材料:小筐若干。

玩法参考:

(1)幼儿先商量好自己要分什么。

(2)几名幼儿同时进行分类游戏,将板栗、花生、山楂分别放到各自不同的小筐子里。

(3)点数筐子里的果实有几个,比比谁的多、谁的少。

11.游戏名称:纸筒拓印

游戏材料:纸筒若干(底端贴有不同形状的纸板)。

辅助材料:水粉颜料、盘子。

玩法参考:

(1)幼儿选取自己喜欢的纸筒。

(2)沾上颜料在纸上进行拓印。

(3)待图形颜色干后,进行创意添画。

12. 游戏名称:花生排排队

游戏材料:花生若干。

辅助材料:盘子、用树枝做的花生夹子。

玩法参考:

(1)学习用花生夹剥开花生。

(2)将剥好的花生仁和花生壳进行一一对应。

(3)游戏熟练后可按照 ABABAB、AABBAABB 的规律进行排序。

13.游戏名称:画五官

游戏材料:圆木片。

辅助材料:水彩笔。

玩法参考:

(1)将五官画在圆木片上。

(2)画好五官的圆木片按大小进行排序。

(3)装饰环境。

14.游戏名称:拼拼乐

游戏材料:蛋托。

辅助材料:丙烯颜料、彩色绒球。

玩法参考:

(1)智慧拼图:将蛋托涂上不同的颜色、图案,分成3～6块,进行拼图游戏。

(2)拼拼乐:把彩色绒球嵌到蛋托里,嵌出不同的数字或者图案。

15.游戏名称:树枝房子

游戏材料:长短不同的树枝若干。

玩法参考:

(1)幼儿选取长短合适的树枝拼摆房子。

(2)数数自己拼的房子用了几根树枝。

(3)尝试拼摆不同大小的房子。

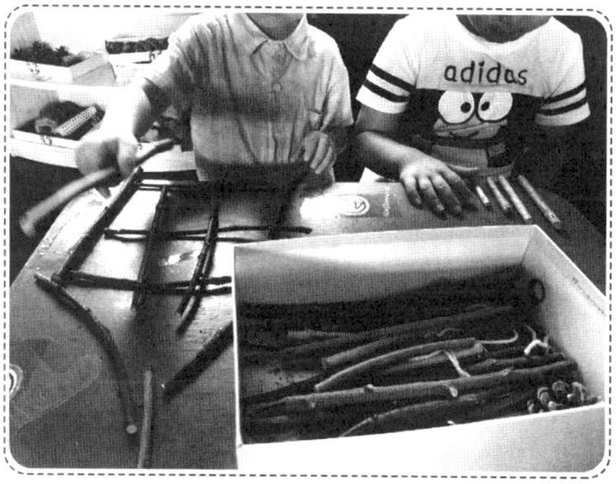

16.游戏名称:树枝比长短

游戏材料:长短不同的树枝若干。

辅助材料:纸、水彩笔。

玩法参考:

(1)幼儿将不同长短的树枝进行排序,可以从长到短,也可以从短到长。

(2)用水彩笔以绘画的方式在纸上做好排序记录。

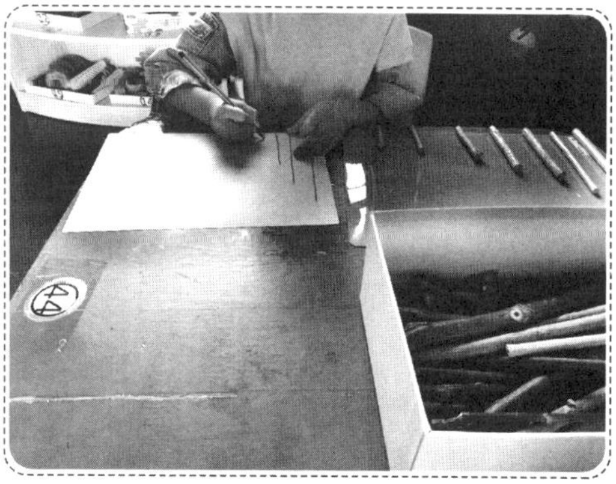

17.游戏名称:树枝找家

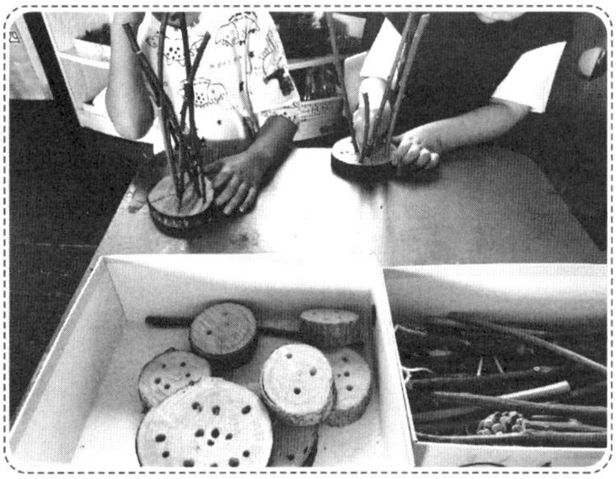

游戏材料:圆木桩、树枝。

玩法参考:

(1)将10个圆木片分别钻上1~10个小孔。

(2)将不同数量的树枝插到对应的木桩孔里。

(3)将圆木片按照所插树枝数量的多少进行排序。

18.游戏名称:踩树叶

游戏材料:树叶。

玩法参考:

(1)幼儿到户外捡拾若干树叶。

(2)抛洒树叶,抛出以后幼儿迅速用脚踩住树叶,数数自己脚下踩的树叶一共有几片。

(3)进行比赛,看看谁踩到的树叶多。

19.游戏名称:苹果枝变身

游戏材料:苹果枝。

辅助材料:五颜六色的毛线若干。

玩法参考:

(1)用毛线在苹果枝上进行缠绕,一根树枝可以用不同颜色的毛线缠绕。

(2)将苹果枝拼出十字固定住,然后用毛线先在一根枝上缠绕一圈,转动木棍,再将毛线在另一根枝上缠绕一圈,缠出十字样树枝。

(3)用不同颜色的毛线,将苹果枝打扮成自己喜欢的样子。

20.游戏名称:树叶漂流

游戏材料:树叶。

玩法参考:

(1)幼儿捡拾几片自己喜欢的树叶,观察它的形状、颜色,和好朋友比较两人的树叶有什么不同。

(2)将树叶放在旧滑梯做的水槽里,看看树叶能飘到哪里。

(3)比一比谁的叶子飘得更远。

(4)观察讨论大小不同的叶子漂流的速度有什么不一样。

21.游戏名称:瓶子灌水

游戏材料:瓶子、水、水管。

玩法参考:

(1)教师将水管系在两棵树之间,并在水管上扎小洞。

(2)扭开水龙头,幼儿拿瓶子对准水管扎洞处接水。

(3)比赛看谁的瓶子先接满水,用瓶中的水浇小树。

22.游戏名称:树叶脸谱

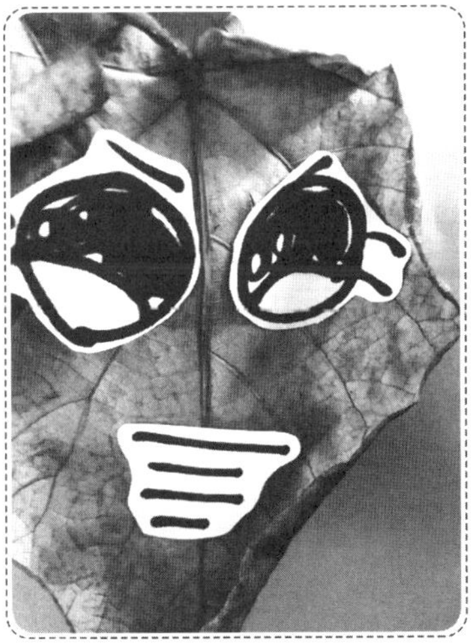

游戏材料:树叶。

辅助材料:纸、水彩笔。

玩法参考:

(1)幼儿在户外收集干树叶。

(2)可用水彩笔在树叶上自由添画。

(3)纸上画好五官,将五官撕下来粘在树叶上变成树叶脸谱。

23. 游戏名称:芋头一家

游戏材料:芋头若干。

辅助材料:水粉、水粉笔。

玩法参考:

选取喜欢的芋头进行自由装饰,画上眼睛、嘴巴、衣服,变成"芋头一家人"或"芋头动物"。

24.游戏名称:佛手瓜写生

游戏材料:佛手瓜。

辅助材料:小筐、纸、水彩笔。

玩法参考:

(1)选取一个佛手瓜放进小筐里。

(2)观察它的形状特征然后进行写生。

(3)对写生作品添画故事情节,并讲给好朋友听。

25.游戏名称:树叶变形记

游戏材料:树叶。

辅助材料:水粉、水粉笔、夹子。

玩法参考:

(1)用自己喜欢的颜色对树叶进行添画。

(2)将作品用夹子夹起来供大家欣赏。

26.游戏名称:贝壳排队

游戏材料:大小不同的各种贝壳。

辅助材料:塑料盒若干、记录纸、笔。

玩法参考:

(1)选择 2～4 种贝类,用 AB-ABAB、ABCABCABC 等模式进行有序摆放。

(2)将摆放模式进行记录。

27.游戏名称:小车造造乐

游戏材料:树枝、带孔的木桩和圆木片。

玩法参考:

(1)用木桩、圆木片和树枝,组合成小车。

(2)两名幼儿尝试比赛看谁的小车跑得快。

28.游戏名称:玉米拼图

游戏材料:玉米棒、带皮的玉米。

辅助材料:纸、水彩笔。

玩法参考:

(1)幼儿用玉米棒和带皮的玉米组合,拼摆各种造型。

(2)对拼摆出的造型进行记录。

29.游戏名称:装饰相框

游戏材料:木棍、圆木片。

辅助材料:纸、双面胶、胶枪。

玩法参考:

(1)教师先用胶枪把小木棍粘在纸的四周变成相框。

(2)将圆木片粘在相框上,粘出不同的图案。

(3)借助其他辅助材料创意制作相框。

下　篇

游戏案例

下篇从游戏材料来源的角度分为两个章节：第1章是取材于大自然中的自然材料引发的游戏案例，第2章是取材于幼儿熟悉生活中的物质材料引发的游戏案例。透过案例视角，既关注孩子们在游戏过程中自由、自主、愉悦、创造的游戏精神的散发，也强调教师在游戏中不可忽视的重要作用。一个个案例透彻地展现出教师在幼儿游戏中“观察—识别—投放—分析—推进—反思—调试”的实施路径，在每一步的实施步骤中，都有关键之处的指向。如在收集环节，强调要找到有趣、安全、多样的自然材料进行投放；在投放环节中，着力探索出材料投放的有效性和适宜性策略；在指导环节，突出要求教师有针对性地提升自己能支持幼儿带有安全感地与自然材料大胆互动的实施能力。其中的每一个案例，均能折射出借助自然材料媒介，引导幼儿关注更广阔的世界，引导幼儿主动、投入、持续地建构多样化、有意义的经验这一重要价值取向。

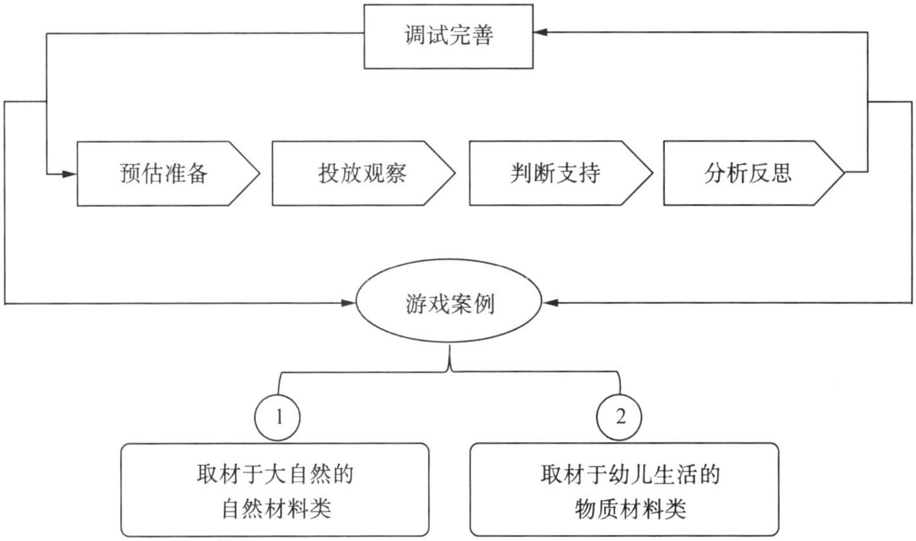
调试完善
预估准备
投放观察
判断支持
分析反思
游戏案例
1
2
取材于大自然的
自然材料类
取材于幼儿生活的
物质材料类

框架图

第一章 取材自然材料类的游戏案例

本章是取材于大自然中的动植物、物质材料而引发的游戏案例，通过引导幼儿欣赏幼儿园养殖区的鸡、鸭、兔小动物，观察花草上飞舞的蝴蝶、泥土里面的小蚯蚓、叶片上的小蜗牛等生发对美的欣赏、对生物的关心，以此拓展游戏活动，通过收集动物羽毛、贝壳、果核、花瓣、树叶、黄岩泥土、河套里的圆石头、沙子、水等，满足幼儿亲近自然的情感需求，支持幼儿在亲身体验、实际操作中感受与自然材料游戏互动的好玩和有趣。

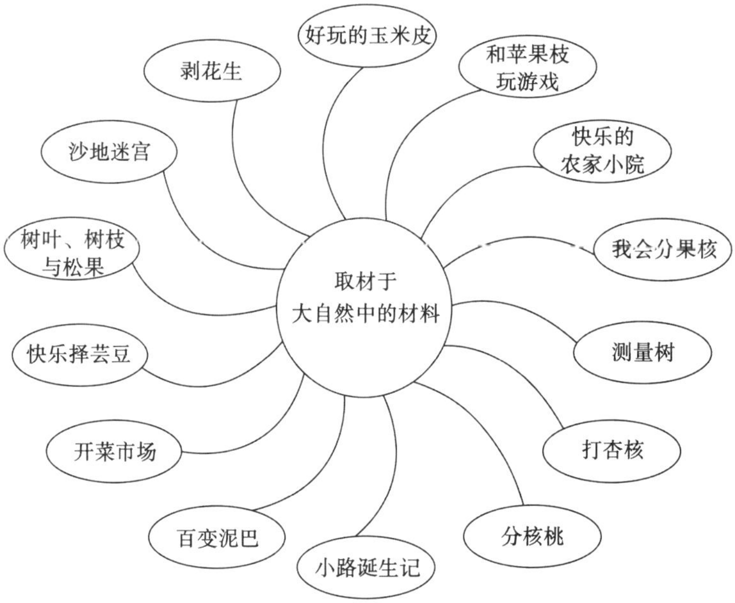

框架图

树叶、树枝与松果

树叶、树枝与松果，这些孩子们最常见到而又唾手可得的自然物，在孩子们的游戏活动中可以派上大用场。虽然它们算不上精美，也谈不上有多漂亮，但是，往往越是自然的东西越能引起孩子的注意，引发他们的兴趣，和真实的自然物一起游戏，更能体现人与自然的和谐共处。

利用松果、树枝、树叶开展的各种户外游戏，可以给孩子带来无穷的快乐。当孩子们在探索游戏玩法时有了新发现，他们会感到非常兴奋和满足，在不断的探索与尝试中，孩子们动手动脑、开拓创新，充分发展了孩子们的思维能力和创造力。

下面是中班孩子们自发的探究游戏，当材料投放在材料区时，孩子自己动手动脑、主动探究出三种松果、树叶、树枝的不同玩法。

- 用树叶托着松果跑的平衡游戏——运松果。
- 用树枝和松果一起玩曲棍球游戏。
- 用一根长树枝玩骑马游戏。

孩子们自发的这些有趣好玩的游戏，具有随机性的特点，老师在其中的作用是：提供记录纸和记录笔，让孩子们把好玩的游戏记录下来，孩子们还用标志的形式提醒大家注意自然物也会带来危险；请玩得比较成功的孩子分享自己的活动经验和游戏玩法，请小组合作的小组代表分享本小组的游戏玩法和游戏规则。

游戏实录

片段一：运松果

今天，楷楷、一凡、若妍、彦莉、亦辰在玩用树叶托松果跑的平衡游戏——运松果，他们以轮胎山作为起点处开始游戏，一凡当发令官，只听一凡喊了一声："预备，开始！"听到口令后，5人一起小心地用树叶托着松果往前跑，跑到一半的距离时，一凡的松果掉了，他赶紧用手抓了一下，可是，没有抓住，松果还是掉到了地上，他赶紧拾起松果，将松果重新放到树叶上继续往前跑。他的这一举动被后边的彦莉看见了，彦莉马上喊："一凡，你犯规了，松果掉地上不能捡起来放树叶上继续跑，松果掉了就是输了，要重新来。"一凡只好重新回到起点，当他返回起点放好松果后，其他孩子差不多都返回了起点，他们又开始了下一轮的游戏比赛。

片段二：松果回家

大凯、多多、子墨、晓萌、洋洋、桐桐在玩"松果回家"的游戏，他们把一个大呼啦圈放在地上，开始玩时，他们离呼啦圈很近，所以，大家都能很轻松地把松果投进呼啦圈里，玩了两次他们发现：这样玩一点意思都没有。洋洋是这几个孩子里年龄较大的，由于年龄大一点，玩游戏时他的点子也就比较多，其他孩子也都愿意听他的，玩游戏时他经常充当的是

“领袖”的角色。这次也不例外，只听他说：“哎呀，不玩了，不玩了，这样玩一点意思也没有，都往后退，往后退。”其他孩子听了他的话纷纷后退，大家边退边看着洋洋，直到洋洋说停的时候才停住不动了，洋洋看了看说：“多多，你再往后退一步。”多多又后退了一步，洋洋看了看说：“行啦。”接着，洋洋说：“咱们就离呼啦圈这么远把松果往呼啦圈里投，看看谁能把松果送回家，好不好？”其他孩子都同意洋洋的意见。由于离呼啦圈的距离远了，往呼啦圈投松果的难度就加大了，不是你的松果没投进去，就是他的松果投进去又弹出来了。虽然，送松果“回家”的难度加大了，但是，孩子们却玩得很开心，他们不时地发出哈哈的大笑声，每当自己成功地将松果送“回家”后，他们都会兴奋地欢呼雀跃。

游戏反思

中班的孩子已经具备一定的规则意识，在游戏过程中大都懂得遵守游戏规则，所以，当彦莉发现一凡违反游戏规则时，能及时提醒一凡遵守游戏规则。洋洋由于年龄偏大一点，因而发现问题、解决问题的能力比较强，能及时发现问题所在，并能想办法解决问题。

对于孩子来说，自然物不仅仅是用来观赏的，还是他们锻炼体能、开拓思维的有力帮手。在记录的过程中，孩子们发现自然物虽然好玩，但是，它们也存在着一定的危险，如树枝的身上有很多小毛刺、小枝杈，一不小心就会扎伤手。这样，在游戏过程中孩子们就会通过动脑筋想办法，巧妙地避开这个危险，更厉害的是，他们会运用树枝上的小枝杈这些看似危险的地方开展游戏，并获得了成功与快乐，使孩子们更深层地了解了自然物，获得了更深层次的经验。“生活即教育”是陶行知生活教育理论的核心内容。生活教育是通过感受、体验生活中的人、事、物，从而达到特定的教育目的。愿孩子们都有一双善于发现的眼睛，在游戏与生活中发现自然的美，感受自然的美。

（史翠娟）

沙池迷宫

沙池迷宫游戏起源于大班省编幼儿用书上的《找朋友》，书中画面是个迷宫线路图。孩子们对这个找朋友的迷宫游戏产生了很大的兴趣。区域活动时间，时常能看到孩子们三五成群地聚集在一起，探讨如何找出正确线路走出迷宫。

随着时间的推移，幼儿用书上的迷宫游戏，已经无法满足孩子们对迷宫游戏的探索需求，为此，我们组织了“我设计的迷宫”亲子活动，请幼儿和家长一起设计一款迷宫游戏。接下来的几天里，孩子们每天都会有新惊喜，各式各样的创意迷宫陆续进入班级，水果迷宫、小兔子找家迷宫、圆圈迷宫、吸管迷宫、鞋盒迷宫、迷宫书籍……孩子们遨游在迷宫世界里，那种专注、那份认真、那种忘我状态，彰显着迷宫游戏对孩子们强大的吸引力。

游戏实录

片段一：沙池迷宫被引出

户外活动时，有的小朋友选择了沙池游戏，玩了一会儿后，子竣说：“老师，我们在沙池里玩迷宫游戏吧？”老师说：“很有趣的想法，可以试试，你想怎么玩？”子竣说：“我想给小兔家设计一个迷宫，让大灰狼不容易找到小兔子。”“那小兔子家设在哪里比较安全呢？”孩子们各抒己见，最终通过讨论决定将小兔子房屋安置在沙池中间的大树后面。“小兔子家的位置已经选定，迷宫的线路图是什么样子的呢？每个小朋友都来设计，相信大家都能成为最棒的设计师。”

片段二：聚思讨论选图稿

经过孩子们的精心设计，小小设计师们的图纸完成了，经过大家协商讨论，选出了四张沙池迷宫线路图。

子竣：“我设计了四条路通往小兔家，圆圈代表墙，不能通过。”

娅萌：“这里是入口，入口只有这一个，弯弯曲曲的路线，有很多岔口，迷惑大灰狼。”

晨珺：“我设计的路线是这样的，从这里进入，有一条小河，河上有小桥，过了小桥有两条路，其中一条会掉进洞里，另一条能到达小兔家。”

颖颖：“我的图纸上有粗线和细线画的路，细线可以通过，粗线不能通过。”

老师：“每位设计师的想法都很独特，可是我们一次游戏只能用一张设计图，怎么办呢?”佳艺说举手投票选择，孩子们一致同意，经过表决颖颖的设计图得票最多，最后决定按照颖颖的设计图建造迷宫。

老师:“有了设计施工图，接下来就可以动工挖迷宫了，开工之前，我们要注意什么?”孩子们你一言我一语地说着注意事项:铁锹的尖头最危险，需要注意安全;戴上安全帽保护头部……

片段三:分工合作挖迷宫

孩子们戴好安全帽，手拿铁锹和辅助工具，开始动手挖沙池迷宫。潆心与嘉怡负责搭建小兔子的房屋，潆心说:“沙池旁边有很多PVC管，我们用这些搭小兔子的家吧。”嘉怡点头，两人开始搬运管子。搬完细管子，接下来该搬最粗最大的管子，嘉怡怎么也搬不动，向潆心招手说:“管子好沉啊，怎么办?”潆心说:“我和你一起抬。”两人分别站在管子两端，用力抬了一会儿，抬不动。潆心想了一会儿说:“你看管子是圆的，可以滚动一起推。”两人用手推、用脚蹬，将管子运到了指定地点，嘉怡看着身旁不远处的两位男孩说:“可以帮帮我们吗? 把管子扶起来。”四人合力将粗管子立起来了。

子竣手拿设计图对俊俊说:“看图，这条路是宽的，铲子小，挖起来太慢了，我们用铁锹挖吧。”俊俊拿铁锹挖起来，边挖边说:“铁锹果然挖得快。”到了户外活动结束的时间了，迷宫还没有完工，孩子们商定明天继续挖迷宫。

片段四：意外降雨新发现

昨晚下了一场小雨，我们来到沙池边，查看昨日的施工现场，还好，迷宫路线的基本轮廓还看得清楚，只是挖过的沟壑不如昨天那么深。文轩说："老师，我们挖的迷宫路线还在。"老师说："是的，昨夜小雨，雨水量不是很多，所以我们挖的路线没有被雨水冲毁。"思颖说："沙子是湿的，我们能玩吗？"老师说："我们可以试试呀。"思颖进入沙池，先用脚踩了踩沙子，再铲了一铁锹沙子，其他幼儿站在沙池边焦急地注视着她。思颖说："虽然沙子是湿的，但是没有积水，我觉得能玩。"老师说："对，沙子是颗粒状，中间有空隙，雨水会顺着缝隙渗到下面。你还有什么新发现？"思颖说："沙子铲起来容易一些。"老师点头同意："那赶紧试试吧。"孩子们纷纷跳入沙池继续挖沙池迷宫。最终，历时两天的沙池迷宫建成了，沙池迷宫还给中班、小班弟弟妹妹带来了惊喜，因为他们可以在哥哥姐姐建造的迷宫里玩"小白兔智斗大灰狼"的游戏。

游戏反思

这次沙池迷宫游戏记录，共截取了四个片段，每个片段都可以发现孩子的智慧以及教师的启发引导。

片段一：

对于孩子们所说的每个建议，教师都给予肯定、支持，目的在于激发幼儿的想象力，提供温馨和谐的沟通环境。在选择小兔子的房屋位置时，教师把决定权交给全班幼儿，举手表决，按照少数服从多数原则，公平公正地作出选择，教师及时给予支持。

片段二：

教师让幼儿讲解自己的设计图，旨在锻炼幼儿表述能力和在集体面前大方自信的表现能力，因为教师知晓一个游戏的价值在于，能综合发展幼儿多方面的技能。游戏中教师需要思考的是，怎样让游戏可持续进行？这次游戏之后，下次还可以怎样玩？

片段三：

两位女孩儿搬管子建房屋，管子重，无法搬起，潆心想到用滚动的方法和嘉怡合作运输，还招呼男孩帮助。这一过程可以看出，孩子们的社会交往技能是在游戏中不断提升的，当发现问题时，会思考从而想出解决办法，可见幼儿是有自我探究能力的学习者，他们边游戏边获取知识经验。

在挖沙过程中，俊俊不用铲子改用铁锹挖，利用身边物品解决问题。孩子们知识经验的获得是从游戏中探索而来的，这正符合让幼儿在游戏中学习的教育理念。

片段四：

当孩子问教师雨后的沙池能否继续游戏时，其实教师心中早有答案——可以玩，因为教师早已了解沙池情况，被雨水浸润过的沙池迷宫，虽然湿漉漉的，但不黏腻。教师装作不知情，请一位幼儿前去勘探，目的是借一人之力引出接下来的新发现：湿沙子与干沙子的区别。只有让孩子们亲身感受、体验，获得直观感受，孩子们才容易接受理解。这次意外降雨给了老师灵感，老师决定抓住这次教育契机，让孩子们在玩中学习。

本次游戏发生在夏天，孩子们穿着凉鞋从沙池中出来，比较容易清洗。在确保沙池无尖锐杂物的情况下，赤脚走在沙子上的开心与愉悦也是可以体验的。如果是其他季节，应注意的是要穿上水鞋，避免泥沙将鞋子弄脏。

（鲁言妮）

剥花生

秋天到了，利用“十一”黄金假期，我园开展了“收集种子”的活动，让孩子们将收集到的种子放在区域里。国庆节过后的第一天，小班孩子一茗和爸爸抬了一大袋带壳的花生来，说是跟老师和孩子一起分享的，于是就把它们放在生活区内，让孩子们利用区域活动的时间剥花生。

游戏实录

孩子们一听要剥花生，兴致特别高。瞧他们多来劲，有的用嘴巴咬，有的放在桌子上用手敲，有的干脆放在脚底下轻轻地踩一下……孩子们剥花生的办法可真多呢！剥着剥着，他们的小嘴巴还不停地议论着：这颗花生很大哦，那颗为什么这么小呢？这颗里面有两粒，而他那颗里面为什么只有一粒呢？这个花生仁大大的，那个怎么小小的？孩子们你一言我一语，叽叽喳喳，说个不停，别提有多高兴了。这时，韶涵小朋友突然叫起来："老师，我这里有个花生三个仁，这颗花生很难剥哦，我用了好多办法都没剥开，手有点疼了，哎，老师，还是你来帮我剥吧。"我一看，这颗花生长得又大又胖，看起来花生壳很硬，我捏了一下故意说："哎呀，我也剥不动，怎么办呢？再想想办法。"这时，一茗小朋友说："我看见我奶奶剥花生时，剥得手疼就用一个小木棍夹子，夹一下花生，花生就开了。"孩子们一听有工具可以用，都喊起来了："老师我的手也疼，我也剥不开。"于是我带领孩子们到室外去找树枝做夹子，可是我们做了几个，树枝太脆一折就断了，夹不开花生，这是怎么回事？于是有孩子提议，请一茗的奶奶来帮我们做几个夹子。

过了几天，一茗捎来了夹子。

于是孩子们就七嘴八舌地说起来了，这个夹子怎么不断呢？一茗说："我奶奶说这个夹子不是用普通的树枝做的，普通的树枝太脆了，一折就断了，这是用棉槐条做成的。"这下孩子们明白了，树枝也是不一样的，有的很脆一下就折断了，有的有弹性折不断。于是孩子们就用花生夹夹起花生来了，只见峻铭把花生放在夹子中间，然后用两只手去捏夹子把，结果花生还是夹不开，又喊起来了。我一看，说你把花生放在夹子最前面，用手握住夹子把试试，峻铭用这个方法试了试，这下花生一下夹开了。韶涵说："老师，这个夹子真好用，大的花生也能夹开了。"

花生剥好了，孩子们又开始数，看自己剥了多少，翎菲拿着一粒干瘪的花生仁走过来说："老师，这颗花生是个老的。"我问孩子们："翎菲说得对吗？"他们异口同声地回答："对，它皱巴巴的，像老爷爷老奶奶的脸一样，肯定是老的。"我对孩子们说："皱巴巴干瘪的花生仁是还没有成熟的花生晒干了变成的，它开花结果的时间比较晚，到收获的时候还没有成熟，果仁不饱满，水分很大，所以，晒干以后就干瘪了，那你们想想看，干瘪的花生仁到底是'老的'还是'嫩的'呢？"他们沉思了片刻，语晨说："是嫩的。"凯丽接着说："对，是嫩的。""真棒，答对了！"孩子们高兴地继续开始剥花生，并将兴趣点转移到了讨论花生仁的"老"和"嫩"上。花生剥完后，孩子们开始数自己共剥了多少花生仁，并和好朋友比比谁剥得多，谁剥得少。

游戏反思

小班孩子肌肉发育得不完善，平常吃花生都是爸爸妈妈剥给他们吃，自己可能不会剥。所以剥花生对他们来说，有非常大的吸引力。他们开始用手捏，捏不开用牙咬、用脚踩，这些都是小班孩子的特点，在剥的过程中，孩子们想尽了各种办法，有的还是剥不开，于是一茗想出用夹子夹的办法，这个办法让孩子们知道了剥花生还可以用工具来帮忙。在做花生夹的过程中，孩子们又知道了有的树枝一折就断，有的树枝折不断，可以做成花生夹帮助把花生夹开的生活经验。最后，孩子们又数了数自己剥了几颗花生，发展了孩子们的计数能力。通过这次剥花生，孩子们对花生这一类的干果有了一定的认识和兴趣，并结合他们的已有生活经验，在看一看、摸一摸、剥一剥、吃一吃的过程中，有目的地引导幼儿动手操作、观察、思考、表达，生成一个综合性的生活游戏化活动。活动中孩子们亲自动手剥花生，不仅锻炼了幼儿的动手能力，还使他们了解了生活中粗浅的基本知识，体验劳动带来的乐趣，激发了幼儿快乐学习的兴趣。

（李志琴）

好玩的玉米皮

栖霞农村利用玉米皮，编织成帽子、花篮、拖鞋、提包、蒲团等，富有朴素雅致的风格，至今在国内外畅销不衰。在我园举行的“我和妈妈做玩具”活动中，有的孩子拿来了玉米皮编成的飞碟，孩子们特别兴奋，觉得玉米皮也能变成玩具真是太神奇了。玉米皮是我们这里农村经常可见的自然资源，虽然孩子们接触不多，但是孩子们的姥姥姥爷、爷爷奶奶大部分是农村的，所以孩子们对玉米皮还是比较熟悉的。由于幼儿对编织玉米皮缺乏相关的知识经验，于是，我结合大班幼儿的兴趣和年龄特点，将玉米皮投放在大班的美工区内，让孩子在欣赏、操作中，体验和感受民间艺术的丰富多彩及独特魅力，同时，也发展幼儿的创造力和想象力。

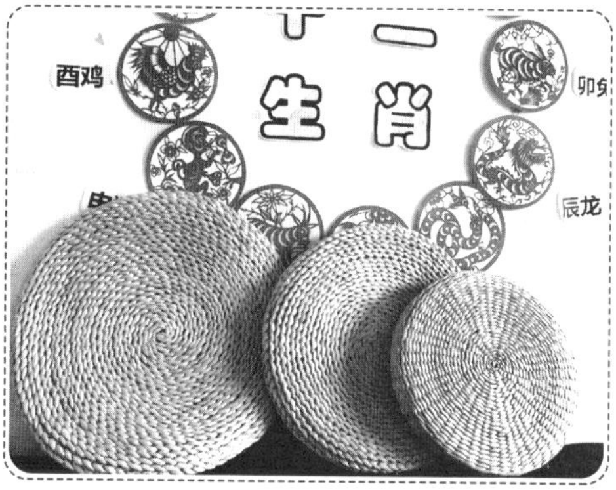

游戏实录

美工区内，孩子们发现了老师投放的玉米皮，非常感兴趣，可是玩的效果却不尽如人意。除了几个心灵手巧的女孩做了几个外形相似的娃娃外，男孩子似乎更乐于将一片片玉米皮简单一卷、一弯变成刀、箭，没有其他的创新玩法。老师观察到玉米皮没有产生预期的教育效果，就利用角色介入的形式和他们一起玩玉米皮，“看看！这里一捏像什么?”孩子们的眼神还是有些犹疑。“好吧！等会儿再告诉你们!”老师故弄玄虚，说着用毛线在这里扎一下，那里扭一下，再拿来塑料眼睛一贴……还没等老师做完，一旁的凡凡就嚷道：“我知道了！这是一只蜻蜓!”老师点头赞许：“你们要不要也来试试！先玩一玩、看一看，像什么？然后再行动。”有了老师的参与，孩子们的思维越发活跃起来：有的孩子用单片的玉米皮卷一卷变成了火箭，一折再剪开变成了小兔，几片玉米皮打结、缠绕成了蜻蜓、娃娃。孩子们的创作思路打开了，玉米皮造型也越发丰富起来。孩子们学会了简单的单片玉米皮的玩法后，有的小朋友开始编飞碟，这可不是一个玉米皮就能编成的。这不，雨涵正在用玉米皮聚精会神地编辫了，可每当编到接头的地方，就用左手拿着玉米皮笨拙地向里面塞，并且也不管其他几股玉米皮，就乱七八糟地编起来；子升编到接头的地方时，一连几次都接不进去，就是接进去，用手一编又掉出来了；还有的干脆放弃不编了。这时，老师出现了：“来，看看两人合作怎么样?”雨涵和子升两人一人扯着另一人编，到接头的地方，再接另一片玉米皮，这样，就顺利地往下编织了，很快他俩编的辫子很长了，接着用剪子把边修理得整整齐齐的，然后又一圈一圈地圈起来，变成了一个小飞碟，啊！成功了，看他俩玩得多么高兴。

游戏反思

本次活动利用幼儿熟悉的、在农村随处丢弃的玉米皮进行创作，为每个幼儿提供了平等参与、自由表现的机会，使幼儿感受到自由表达和创造的乐趣。根据玉米皮软且不易破的特点，让孩子们发挥想象，创作作品，增强了孩子们的合作意识，让他们体验到了成功的喜悦。刚开始孩子们不会进行编织创造，后来老师适时介入，孩子们开始利用单片的玉米皮进行简单的变化，变成小人、蜻蜓、孔雀，慢慢地孩子们对玉米皮感兴趣了。后来孩子们尝试编织更复杂的东西，这说明大班孩子会不断地挑战自己。针对孩子出现的问题，老师没有对幼儿进行直接的指导，而是通过示范引导激发幼儿的兴趣，又通过引导幼儿互相合作，让幼儿学会接头地方的练习，幼儿通过观察与自己的探索终于找到并掌握了接头的正确方法，从而学会编织的基本技巧。

在编织的过程中，针对幼儿接头困难想放弃的迹象，老师采取了鼓励的方式，对幼儿的点滴进步进行表扬，使幼儿懂得了面对困难只有勇于尝试、坚持不懈、不轻易放弃，才能战胜困难的道理。在接下来的区域活动中，编织区的幼儿逐渐增多，并且编织得也又快又好了。

现在，孩子们学会了玉米皮贴画、玉米皮编织作品等，形成了区域活动的一道风景。本次活动也带动了老师们利用自然资源进行环境创设的积极性，既利用了本土资源，也为教师丰富幼儿区域活动提供了素材。

（李志琴）

用苹果枝做游戏

苹果枝进园记：一开春，烟台栖霞的农村家家户户开始给苹果树修树剪枝，一捆捆苹果枝堆成垛。这些烧柴用的枝条，能否在孩子手中焕发新的生命？这些家家户户成堆成垛的枝条，能否成为推动孩子发展的有用资源？老师们在反复研读《3～6岁儿童学习与发展指南》后有了新的思考：游戏材料不是越多越好，不是越精致越有价值，那些来自自然、贴近生活的，才更容易亲近。

先来试试吧。面对有粗有细、有长有短、形态各异、摸上去还有点湿软的苹果枝，大三班的李老师首先想到了枝条可能会伤到孩子，尖尖的地方可以用布缠一下，到了孩子手中，他们更爱用布条打个结，变成一朵蜡梅花；大一班的范老师想到的是用枝条进行艺术造型，建议给枝条涂上颜色，到了孩子手中，超轻黏土镶嵌上绿绿的叶子，粘上用各色彩纸做出来的小手工作品，放在幼儿园的门厅里，春天的味道立即扑面而来。大二班的孙老师说，问问孩子们吧，他们会把苹果枝当成什么，没想到，孩子们纷纷说是一棵树，他们在有杈的地方，摆上草莓、梨、苹果、橘子，花花绿绿，真的变成一棵他们嘴里念念叨叨的树……

孩子们真是天生的游戏家，他们和苹果枝条的主动互动开启了老师们的智慧，于是，成捆成捆的苹果枝进园了。

环境创设随之改变：进园的苹果枝放在哪呢？我们这样做。在班级一角建立资源小仓库，把苹果枝、麻绳、毛线、松果等贴上标签，分门别类放在资源库里方便孩子取放。环境创设的悄然改变，老师们其实是经历了一个过程：从关注区角的样貌建设到材料越多越好不断填充，到区域环境清空留白意识的觉醒，关注的目光逐渐从华丽多样的区域设置转向感受孩子的需要，从关注孩子游戏中的喧哗快乐到关注孩子游戏中的有效学习，老师变了——环境变了——孩子随之改变。

游戏的前期故事：苹果枝条进园之前，孩子们已经和苹果有过亲密接触，如孩子们喜欢玩的“苹果采摘”“快乐果园”“苹果冷风库”等游戏。这些栖霞本土的、孩子们熟悉的苹果，给予孩子们那么多的乐趣，他们在游戏中的丰富演绎给了老师们启发：资源就在身边，栖霞没有高架桥、飞机场，但有丰富的农业资源，这些取自自然、具有探究审美价值、可加工改造的自然材料，也能激发孩子们全情投入，充分游戏。老师们跃跃欲试，网上查、翻资料、一起教研，都想在这些得来全不费工夫的苹果枝上挖掘出游戏的宝藏。

游戏实录

魔法树：游戏时间，资源库里的各种材料都被孩子们翻出来。画、剪、粘，一棵棵苹果枝经过孩子们的巧手打扮，瞬间变得生动起来。孩子们都在彼此谈论欣赏形态各异的“魔法树”。

诺诺拿着手里的苹果枝，翻来覆去地看。“诺诺，你在干什么呢？”“我想把它变成一棵果树。”“变成一棵什么样的果树呢？”“有苹果、香蕉、柿子、橘子，都是我喜欢吃的。”马上有孩子反驳：“一棵树上只能结一种水果，不能有许多水果。”诺诺坚持说：“我的这棵魔法树，能结出好多种水果呢，很漂亮的。”说完，他去把塑料水果拿过来。怎样把水果放到苹果枝上呢？诺诺试着把苹果枝涂上了胶水，可是水果粘不住，他用胶带把水果缠在树枝上，看了看又拆了下来，又拿起一根毛线把一头系在树枝上，一头系在水果的柄上。

几次尝试以后，水果系上去了，他用手碰了碰，水果在苹果枝上晃动起来，一棵有各种水果的魔法树真的做出来啦！

分析：大班的孩子已具备了画、剪、贴、粘的基本技能，且学会自己思考，有自己独特的想法，遇到困难时会想办法解决。在孩子进行思考时，老师们选择“不参与”，是为了给孩子提供多向思维的机会。

拓展：诺诺的魔法树好像真的有魔法，让其他的孩子都想尝试变出和别人不同又有法力的魔法树。有的通过绳子、网套、实物苹果等，生成了一棵“真的苹果树”；有的用苹果枝、苹果、苹果箱、重量秤，变着变着，竟生成了角色游戏“苹果淘宝小店”。

苹果枝房子：正逢期末，新春小剧场要排练《三只小猪盖房子》，故事表演用的道具要孩子来参与制作，大班的孩子居然想到要用真的苹果枝盖一座苹果枝房子，孩子们把苹果枝从室内搬到室外。

问题一个个接踵而来。

明明说：“老师，树枝站不起来。”“那怎么办呢？”明明想了想说：“找粗一点的树枝吧。”彤彤说：“老师，这两根树枝连不上。”“你想怎么连？”“找个东西把两根树枝粘起来就能连上。”

看来光有细的枝条不够，要做围墙需要粗的树枝；看来光有苹果枝不够，还得给孩子提供连接的材料。孩子们在忙，老师也在忙，一会儿工夫，在资源库的旁边又悄然建起一个装有各种工具材料的辅料库。

分析：自由自主的状态下，孩子们变得更能干，找材料、搭地基、建屋顶，他们积极动手动脑，迁移生活经验，合作探索，齐心协力将树枝房子搭建好。游戏中，教师不断地观察、进入、退出、再观察、再进入、再退出，对孩子们的召唤，有时装得很不懂，启发孩子再想一想，有时伸手帮上一把，默默递给孩子他们难以命名的辅助工具。在这个循环过程中，孩子的活动复杂化了，他们的思维被激发，不断去尝试解决新问题，游戏不断深入。

拓展：在搭建苹果枝房子的过程中，孩子们偶然发现枝条中的一截有碎屑，引发了值得探究的一系列问题：碎屑哪里来的？苹果枝里是不是住着小动物呢？小动物是怎么钻进去的？怎样生宝宝的？在枝条里干什么？……

“探秘苹果枝里面住的各种小生物”，新的课程诞生了。

栽果树：两个孩子玩“栽果树”游戏，强强先掷骰子，数字2朝上，他拿了两棵苹果枝插进自己这边的格子里，浩浩掷了数字5，他得意地说：“我的比你多。”第二次掷骰子，强强的数字是6，他把6棵小树插进第一个格子里，高兴地说：“我的一块地种完了，2和6合起来正好是8。”浩浩说：“我已经有5棵树了，还差3棵树，我要个数字3。”说完就赶紧掷骰子，掷的是数字6，没有3怎么办？浩浩拿起6棵小树思考着，他边往九宫格里插小树边说：“一棵，两棵，三棵，5和3合起来是8，这块地种完了，我手里还多了三棵，怎么办？”说完，他把小树放在一边，打算不管了。强强说：“你这样不行，必须把小树都插进去。”“可是一块地里只能种8棵呀，没地方了。”两个孩子停下了游戏，盯着自己的九宫格看，好像在想办法。突然，浩浩说：“我可以把这3棵种到下一块地里，把我拿的6棵小树分到两块地里种，这边种3棵，那边种3棵，这样不就行了吗？”强强听完后想了想，点点头，同意了他的意见，两个孩子又继续愉快地进行游戏。

分析：本游戏孩子要解决谁的地种得多的问题，教师提供的数字骰子和游戏规则，引发了游戏中的问题和矛盾，也给幼儿提供了解决问题的机会和思考的空间。当孩子遇到问题时，他们没有急于寻求老师的帮助，而是与同伴一起想办法协商，这种独立解决问题的意识和能力让老师感到特别欣喜。

值得注意的是，这种竞赛比输赢的游戏，会不会对孩子冷静思考数学问题产生干扰，是需要老师继续思考的。

拓展：大班幼儿进入下学期，其抽象思维和游戏水平都有了新的提高。教师在观察的基础上，逐步投放数字较大的骰子，调整游戏玩法，不断保持游戏的吸引力。

苹果枝旅行记：游戏中孩子忙得不亦乐乎，点数、扎捆、装车、运输，木屋处堆放的枝条越来越多，航航遇到了问题：他的苹果枝往上一放，所有的枝条捆都倒了，整理了几次都没有成功，后面的孩子纷纷下车过来帮忙，可是一捆捆的枝条一放高就倒了。“老师，我们运的枝条太多了，放不下了，怎么办？”“嗯，这是个难题，也把我难住了，你们看看能不能自己解决？”见我没有帮忙的意思，孩子们七嘴八舌地议论起来。“应该把枝条最下面一层码得长一些，宽一些，就不会倒了。”有孩子建议。可是按照这个方法摞了几层，刚建起的枝条垛又倒了，问题又来了。“怎么又长又宽还会倒呢？”“是不是我们放的枝条方向不对呀？”“我们放得很整齐呀，都是朝一个方向放的呀！”质疑声中建建提议：“我爷爷家放了一堆烧火用的木头，也是一层一层往上摆放的，但是好像第二层木头摆的方向变了，木头堆就不会倒。”见大家不明白，建建索性蹲下，在地上用枝条画了几笔加以说明，伙伴们好似明白了，经过调整，果然，枝条堆没有再倒下来。

分析：大班孩子知识水平差异很大，有的孩子拥有的知识经验、说出来的话，非常有意义、有价值，这样的孩子是同伴中的小老师，所以当孩子遇到问题求助于老师时，老师给予了适度的“示弱”，放手给这样的幼儿解决问题的机会。一捆捆的枝条如何能既整齐又牢固地堆放好是一个挑战，成捆的苹果枝体积大、有重量，给孩子们出了一个大难题，该问题的出现，引发了更多孩子的加入，

增加了游戏的密度和难度。

拓展：现场教学——苹果枝统计。在游戏现场让孩子用自己的方式进行苹果枝的捆数统计，并记录统计结果。

游戏反思

(一)材料选择上具有自然性、地方性、开放性

教师在游戏材料选择上，大胆探索、挖掘周边自然资源的教育价值。这些即将做柴火的苹果枝，在老师眼中，是任何一个孩子都可以拿来使用的最好的游戏材料，它们精简而生动，自然又环保，可以重复使用，可以搬挪移动，而在孩子们眼里，它们可以成为任何东西，具有昂贵的材料无法比拟的魅力。这种对材料认识上的独具慧眼和别具匠心，激发孩子们演绎出丰富多彩的游戏过程。

(二)材料投放中不设边界、数量充足

投放时，教师只是把苹果枝放在资源库，没有投放在某区域，孩子们可以自主取放，自己做主控制游戏：艺术表现苹果枝，搭建苹果枝房子，科学探究苹果枝，益智竞赛苹果枝，点数捆扎苹果枝，户外运输苹果枝，甚至在沙池游戏中，孩子们栽种出一片“苹果林”，让栖霞苹果也能在大沙漠里生根结果……这些得来不费工夫、数量充足的苹果枝，多空间、全方位支持孩子们从表层玩弄到深层探索，带来思维的激荡与挑战。

(三)富有童趣，孩子们乐享其过程

游戏中，孩子们主动和苹果枝互动，不断产生新的需要：捆扎时要用到绳子，不规整、不合适的修修剪剪要用到树枝剪，枝条粘合时双面胶失败了要查阅寻找更结实的胶水……问题滋生新想法，孩子们迎接挑战，提出创造性的解决方案。教师在其中的作用是不断感受到孩子的需要，无条件地给予孩子欣赏、感叹和物质保障，为孩子们生发的奇思妙想插上翅膀。而这些工具材料的加入，让游戏更有意义，更有创造性，孩子们在不断尝试的过程中，自主发现问题、互助解决问题、快乐玩、有效学，尽享成长和学习的喜悦。

（四）老师们的反思和回望才是我们结出的最丰硕的果实

在玩游戏时，启发式的师生互动方式、对孩子的尊重和理解、更加关注游戏过程……正是这些“教师的退一步与孩子的进一步”的信任，让孩子更加主动、自信、快乐。他们如火花般迸发出的交往与合作、想象和创造让老师看见了孩子们强大的自主学习能力。

接下来，因为苹果枝的加入，老师和孩子们多了很多事情，可大家还不满足，苹果枝还能、还可以……老师们还在继续思考、观察和调整，谁知道呢，也许最后这成堆成垛的苹果枝，会让孩子们成为锯木头、砸钉子的小工匠；也许这成堆成垛的苹果枝，会造就伟大的造型师和艺术家；也许这成堆成垛的苹果枝，会让孩子们做成弹弓、大炮、飞机……未来不可预测。

对于以果业为主的烟台栖霞，挖掘并发现身边现成就有的教育资源具有实际意义。回望和苹果枝玩游戏的一路，老师们渐渐学会倾听孩子们的心声，慢慢走近孩子们的生活，去感受孩子们的需要，真正变成喜欢研究孩子、研究游戏的老师。

（史翠娟）

快乐的农家小院

我园孩子们的爷爷奶奶大多在农村，特殊的地理位置和家庭环境，使孩子们对“农家”有着特殊的情感。孩子们平时也经常会和老师、小朋友介绍节假日回老家时发生的有趣的事情，无声的环境里蕴含着良好的教育契机。因此我们将本土农家生活纳入游戏中，目的在于激发幼儿对本土农家生活的认知和参与游戏的乐趣。

《3～6岁儿童学习与发展指南》指出：要培养幼儿喜欢接触大自然，对周围的很多事物和现象感兴趣的特点；幼儿园应为幼儿提供自由交往和游戏的机会，鼓励他们自主选择、自由结伴开展活动。为了满足孩子们的兴趣，进一步丰富孩子的情感，加深印象，还原本真，我们在园内一角搭建了一座农家气息很浓的小屋，供孩子们户外游戏时用。

搭建此屋的目的在于让孩子能运用已有经验，再现淳朴自然的农家生活，让栖霞淳朴的农家生活及习俗，在孩子纯真的心灵深处留下深深的印迹，让家的记忆永留孩子心间。活动的开展，不但有利于孩子了解栖霞农村古朴的风俗文化，也为我园农家乐课程的开展奠定了基础。

活动以动手为主，投放的材料包括日常生活中的衣食住行、农家日常生产劳动工具、地方特产等用品。投放这些材料旨在结合情境及幼儿的社会经验，让孩子通过游戏表现社会生活中的角色，引导孩子学习与人交往的基本规则与技能，发展孩子交流、分享和合作的能力，尝试用协商、交换、轮流合作等方式解决游戏过程中的矛盾冲突，帮助孩子理解社会，适应社会。

游戏实录

确定了要建农家小屋后，我们就地取材，用从山上割来的茅草当屋顶，搭建了茅草屋形象的小屋。

小屋建好后我们带孩子去参观小屋，孩子们一看非常高兴，有的孩子说："这个小屋真漂亮，有点像我奶奶家的一个小房子。"其他孩子也纷纷说："我也见过这样的小房子。""对，这是老师们为小朋友搭建的农家小院，现在这只是一座空空的小房子，要让它像个家的样子，里面还缺少什么呀？"一个孩子说："还少锅、碗、盆、勺子。"其他孩子补充道："还得有桶用来盛水，还得有面板、菜板、铲子，要不就没法做饭了。"……孩子们纷纷说出他们印象中一个家中应该有的东西。

为了丰富孩了的游戏材料，我们请家长帮忙，请家长把家中不用的日常生活用品，以及老家很有民俗特点的东西、农产品等带到幼儿园来。很快，空空的小屋里充满了日常生活中必需的生活用品以及栖霞民间特有的物品。像大缸、石磨、苹果条编的篓子、蒲团、葫芦瓢等农家味浓厚的用品，加上锅碗勺盆、石子、各种果实等，空空的小屋马上充满了生机，一个精致而有特色的"农家小院"诞生了。孩子们开心极了，有个孩子说："这些东西我奶奶家都有。"另一个孩子说："我姥姥家也有。"材料有了，孩子们的农家小院游戏也就随之展开了。

起初，孩子们只是对里面的材料感兴趣，他们只是无意识地搬弄里面的各种材料，并没有形成系统的游戏玩法。面对一些他们不认识的东西，如高粱穗、谷穗、蒲团、苹果条编的苹果筐和篓子、簸箕等，他们会问“老师，这是什么?”“老师，那是什么?”“老师，这是干什么用的呀?”“这个筐子是用什么编的？是谁编的？怎么编的?”“蒲团能干什么呀？蒲团是用什么编的?”“簸箕能干什么呀？怎么用呀?”等一系列问题。

面对孩子们的这一大堆问题，老师们耐心地一一进行解答。比如：簸箕。老师实际操作演示给孩子们看，让孩子知道它的作用及实际操作方法，孩子们看后兴趣都很高，纷纷要求实际操作，他们边煽簸箕边兴奋地又叫又跳，那种高兴是发自内心的、由衷的，看着他们的样子，老师也很欣慰。

追随孩子们的问题，我们开展了“农家小院材料大搜索”活动。通过实物、图片以及视频，和孩子们一起认识农用工具、农作物，学习了解农家小院里人们的生活、劳作等，同时请家长利用节假日带孩子回老家，或是带孩子去农庄感受农家生活等，孩子们回来的时候又带来了一些他们感兴趣的土特产及他们喜欢的、感觉新奇的各种农用工具。

一段时间里，幼儿园里掀起了一场农家乐园材料搜索和体验热潮，丰富的亲身体验活动，既为我们农家小院里材料的投放提供了帮助，同时也丰富了孩子对角色的认识，为农家小院游戏的后续开展提供了帮助。在对农家小院的生活有了一定的了解后，孩子们便开始了他们“快乐的农家小院”的游戏活动。

开始游戏时，孩子们还只是比较随意地各自玩，或者三三两两地玩，有的炒菜，有的拿着电饭锅做米饭，做好后他们会请好朋友“品尝”自己做的饭菜，或是向其他人“兜售”自己的饭菜，也会征求他人的意见进行饭菜的改进，或是根据好朋友的点餐进行操作。有的孩子拿着小锯锯木头，有的孩子剥花生，有的孩子剥玉米，有的孩子拿着簸箕四处寻找可以煽的东西，他们也会拿着簸箕去煽其他小朋友，赶着其他孩子到处跑，可是他们却很高兴，还一边跑一边哈哈大笑。

有的孩子在磨豆浆，当他看见豆浆从石磨的边缘缓缓流出时，不禁兴奋地大喊大叫："快来看哪，我磨出豆浆来了，快看哪，豆浆流出来了。"听到他的喊声，其他孩子纷纷围拢过来，并抢着都要磨豆浆，一时间场面有点混乱。老师提议孩子们排队玩，可是由于想磨豆浆的孩子实在太多，有的孩子等得着急了就放弃了等待，孩子的游戏愿望得不到满足，这是个问题。

有了问题就要解决问题，在活动后的谈话中，老师针对活动中出现的一些问题与孩子们展开了讨论。

"孩子们，现在我们一起分享一下刚才的游戏，谁来说说你玩了什么？"

丁丁说："我玩炒菜了，西西说我炒的菜可好吃了。"

淼淼说："我煽簸箕了，我抓了一把沙子，沙子里面还有草，还有小石头。"

"你发现什么东西能煽出去？"

淼淼说："一些很小的草能煽出去，沙子和小石头煽不出去，还有大一点的草也煽不出去。"

"想想看，为什么沙子、小石头还有大一点的草煽不出去呢？"

淼淼想了想说："很小的草轻，沙子、小石头、大一点的草重。"

"说得真好，真是爱动脑筋的孩子。"

其他孩子也纷纷说了自己游戏过程中玩的东西及和好朋友间的交往互动……

"现在我们来说说今天的游戏中你最喜欢玩的是什么？"

程程说："我最喜欢剥玉米粒，玉米粒剥下来落在箩筐里的声音真好听。"然后他又不好意思地说："就是剥得手有点疼。"说完还不由自主地伸出手活动了一下手指。

小班的浩浩说："我最喜欢剥花生。"

"为什么呀？"

浩浩天真地说："剥完花生可以吃呀。"

大家听了哈哈大笑，这就是小班孩子的天真无邪，是孩子的真情流露。

从孩子们的讲述中我们了解到了孩子们感兴趣的游戏材料和游戏活动，活动后的谈话能够让我们有根据地对游戏进行引导，并为后续游戏的推进以及游戏材料的投放提供了依据。

当老师问到今天游戏中有没有不高兴的事情时，好多孩子都说："我最不高兴的就是没有磨豆浆。"

"磨豆浆真的很好玩，老师也很想玩，可是石磨只有一个，这是个问题，那我们该怎么解决这个问题呢？想个什么好办法让想玩的小朋友都可以玩呢？"

经过商讨孩子们达成共识：全班孩子 5 人一组，共分成 5 组，每次按分组顺序磨豆浆。

大班的洋洋说："我觉得一个人摆弄那些东西没有意思，要是能很多人一起玩就好了。"

几个去农家乐玩过的大班孩子提出，可以大家合作开个农家乐，农家乐里大家分工合作，农家乐要有各种体验活动，也要有餐饮服务，大家纷纷同意。

随着游戏的进一步推进，孩子们的玩法越来越多，农家小院里也越来越热闹了。有去农家小院体验民间苹果条编筐手工艺的，有去品尝特色美食的，有去编玉米皮小辫的，有去给苹果包网套的，有去拿小铲子在小院周围挖野菜的，有去用野菜喂小兔子的……

他们俨然是一个个地地道道的"小农民"，又是一个个小小的探索家，还是一个个小小营销家——他们采摘新鲜的叶子入锅烹制；采摘过程中他们还会探究植物的秘密，发现小蜗牛他们会围着小蜗牛观察半天、看看小蜗牛爬过的痕迹、碰碰小蜗牛软软的身体和触须；招待"客人"时会向"客人"推荐原汁原味的豆浆；结合栖霞本土特色又生成了苹果外卖活动，他们接订单、包装苹果、收发快递……慢慢地，孩子们把活动开始向小院四周扩展。

家里照顾宝宝的“妈妈”没时间做饭，点份外卖吧，于是网络点餐、电话订餐、送外卖也开始了。看着他们开心地玩着自创的丰富的游戏，听着他们快乐的吆喝声，身边穿梭着他们忙碌的身影，老师们不由得感叹：孩子真是为游戏而生的，他们是游戏的高手。

如果把孩子比作一棵树，那么丰富的游戏活动就是孩子成长的沃土，在“游戏”这片沃土中他们开枝散叶、开花结果。

在这个小院里，忙碌的不光是孩子们，还有一群一直呵护他们成长的老师——这些孩子的大朋友们。在游戏中，老师化身游戏的玩伴、支持者和引导者，老师根据孩子的游戏需要创设环境，及时投入新材料，适时引导游戏向纵深发展，让幼儿随着游戏的进一步深入而不断丰富经验，体验游戏中的乐趣。当同伴间发生矛盾或冲突时，老师适时引导孩子换位思考，让孩子学会理解他人、宽容他人、善待他人，学会关心同伴、和同伴友好相处，引导他们尝试用协商、轮流、合作等方式解决冲突。

游戏后的教研活动是游戏进一步推进的助推器。最初，是场地的现场教研，包括农家小院在什么位置设置、投放什么材料、怎么摆放都是我们的教研重点；我们在上午观察指导幼儿，发现问题，然后利用中午幼儿午睡时间进行小组教研，解决游戏中的问题及老师的困惑，教研中我们研游戏、研幼儿、研游戏细节，我们会站在孩子的角度，从孩子的视角出发，依据幼儿的年龄特点，对游戏进行研讨，以便于孩子能从游戏中获得更多的收获。就这样，我们尝试着走进孩子的内心，追随着孩子成长的脚步，把游戏一步一步地推向深入。

游戏反思

“快乐的农家小院”游戏通过创设民俗味浓厚的环境，满足了孩子“返璞归真、回归自然”的天性，游戏以农村的人、物、事来熏陶孩子，丰富孩子的感性经验，促进了孩子全面、和谐发展。

孩子们从开始的随意地、分散地玩，到最后形成“一条龙”式的系列游戏，他们种植、采摘、忙碌地准备餐点、招待客人、订餐、送外卖、接收网上订单、包装苹果、收发快递、苹果的网络平台营销……忙得不亦乐乎。最让我们感到欣慰的是：混龄游戏的优势在这里展现得淋漓尽致。在一起玩耍、一起生活中，他们很自然地形成了兄弟姐妹的关系。弟弟妹妹不会系围裙，哥哥姐姐来帮忙；豆子放多了，石磨转不动了我来帮你推……大一点的孩子会处处以哥哥姐姐的身份要求自己，他们俨然是一个个小老师，在与弟弟妹妹的交往中学会关心、帮助、宽容、谦让；弟弟妹妹不会了，哥哥姐姐教一教，小一点的孩子会从哥哥姐姐的“工作”中获得更多的灵感，哥哥姐姐就是他们的榜样，他们从哥哥姐姐那里学习与人相处；通过大带小活动，弟弟妹妹们学会了很多、成长了很多。

著名的心理学家弗洛伊德曾说过：“每一个正在游戏的儿童看上去都像是一个正在展开想象的诗人。”这是我们农家小院的孩子们的真实写照。这就是我们的农家小院，它就像一个家庭，可以衍生出许多形形色色不同的角色。在不同的角色游戏过程中，孩子们交流彼此的经验，自主展开游戏，充分发挥创造性去探索、去体验、去表达。

我们试图构建“快乐的农家小院”生活体验活动，就是希望把农家的现实生活作为教育的源泉，从孩子熟悉的农家生活中选取素材，带幼儿融入农家生活，让孩子在“玩中学、学中玩”，让孩子在“快乐的农家小院”游戏里感知农家事、体验农家乐、激发农家情。“快乐的农家小院”游戏活动追求的是一种与农家生活紧密结合的感性的、生动的学习方式，一种与孩子生活相联系的学习方式，一种蕴含着交往、互助和合作的互动式学习方式。它的核心价值就是与生活相关，与行动相关。

陈鹤琴的“活教育”思想理论认为：“大自然、大社会是主要的知识来源，因而教育的民族特色、地域特色应该得到充分的体现。”因此，我们教师要充分利用本土文化这一丰富的教育资源，将本土文化渗透到教育活动和孩子一日生活中，培养孩子对本土文化的自豪感，引导孩子感知发现家乡人、事、物的美好，激发孩子爱家乡、爱自然的情感。

（史翠娟）

我会分果核

杏熟透了，幼儿园的杏树上挂满了色泽鲜艳的杏，我们带孩子们认识杏、采

摘杏、品尝杏，并开展了一系列与数学、科学、社会、艺术等领域相关的生态课程。孩子们对杏的兴趣，随着有趣活动的不断开展持续攀升。

好吃的杏子吃完了，一堆堆杏核摆在面前丢了也很可惜，我们何不把它变废为宝，将它充分融入到教学活动中呢？看似不起眼的杏核，不光可以融入到美工活动中，让幼儿通过涂色、粘贴等方式，装饰、美化室内外环境，还可以更有效地将它融入到数学游戏中，让幼儿通过实践操作，以游戏的形式在玩中获得数学教学。于是，我们把杏核洗净、晒干，投放到区域中。

游戏实录

区域活动中，弘予和佳怡最先跑进益智区玩起了杏核游戏。只见他们把材料、记录纸都拿了出来，先商量怎么玩，佳怡说："我们把杏核当成好吃的分享吧？"弘予答应了，于是，佳怡跑到美工区拿来了 3 个蛋糕盘说："这个是宝宝的盘子，这个是妈妈的，这个是爸爸的。"只见佳怡从小碗里抓了一把杏核放进了宝宝盘子里，数了数一共有 6 个杏核，弘予说："我们可以分给爸爸妈妈一人 3 个。"说着，她把宝宝盘子里的 6 个杏核，分别分到了爸爸妈妈的盘子中，并记录下来。佳怡接着说："我们还可以分给爸爸2 个，妈妈 4 个呢。"于是她从爸爸的盘子中拿出一个放进妈妈的盘子里，也做好了记录。这时候弘予说："这样妈妈会不高兴的，这次我们多分给妈妈点，妈妈分 4 个，爸爸分2 个。"他们分来分去玩得不亦乐乎。后来伊娜也加入了他们的行列。弘予说："你来了正好，我们

可以一人当一个角色。”佳怡说:“我当妈妈。”伊娜说:“我当宝宝。”弘予说:“那我只能当爸爸啦!”弘予说:“这次我来抓。”于是他使劲张开小手抓了满满一大把放进了宝宝的盘子里,三个人数了数一共9个杏核。伊娜调皮说:“我来分。”她从宝宝盘里一下子抓了6个杏核分给了妈妈,然后,看了看剩下的3个杏核说:“哈哈,只能分给爸爸3个啦。”他们不停地分着,9个杏核在爸爸妈妈的盘子里不停地变换着数量,他们还把9的8种分法一一写在了记录纸上。

游戏反思

数学在生活中随处可见,老师们经常做的就是带孩子们在生活中学习并运用数学,孩子们可以更好地体会数学的有用和有趣。数的组成和分解是数概念教育内容中的一个重要组成部分,《纲要》要求幼儿“从生活和游戏中感知事物的数量关系”,因此,我们倡导老师,在自然材料的投放中,不能忽视培养幼儿在生活和游戏过程中运用数学解决问题的能力。

(苏美瑜)

测量树

饭后散步,孩子们在户外观察幼儿园的夏天时,对幼儿园大树的外形特征产生了兴趣。露露和蒙蒙在讨论幼儿园里的大树哪棵粗,哪棵细,浩浩和晨晨在争论这两棵树谁长得高,谁长得矮。为了满足幼儿的好奇心,老师及时地记录了他们的问题,并根据孩子的讨论生成了测量树的游戏,引导幼儿用自己的方式进行测量。

游戏实录（一）

孩子们围着大树讨论之时，老师走到了他们身边，“有没有办法知道这一棵大树到底有多粗呢？可以用什么工具测量一下树的粗细呢？”这个有趣的问题引起了孩子们的兴趣，回到教室，孩子们都说出了自己可以运用各种材料进行的测量方法，于是第二天户外活动，孩子们一起带着他们的测量工具出发了。

第一种方法：怀抱测

来到大树前，露露就说我有办法，只见她直接用自己的胳膊拥抱了大树，旁边的孩子们就说，这怎么能量出大树有多粗呢？露露一脸骄傲的样子说：“可以用卷尺呀！”哈哈，是个好办法，只见她的胳膊正好能抱过大树，于是露露把胳膊伸直，旁边的两个孩子拿来卷尺，从露露的右手指端量到左手指端，记录人在纸上做了记录。

第二种方法：绳子首尾相接用绳子量

怀抱式的测量刚结束，就听见子涵还有其他两个男生说：“我们还有更好的方法，瞧我的。”只见他用粉笔围着另一棵树干画了一圈，然后画了一个起点，那两个男生扯着绳子围着转了一圈，然后拿下来又用尺子量了一下绳的长度，测量完后也在纸上做了记录。

第三种方法：用手掌测

接下来，琪琪又有办法了，她跑过来说：“你们都要用工具，我直接用自己的手掌就可以。”只见她沿着画好的白线 1 下、2 下、3 下，不一会儿围着树干转了一圈，一共是8 下，也就是 8 个手掌这么长了，这也是个好办法。

游戏实录(二)

孩子们各种测量树的活动进行了3天,大家互相学习同伴们的测量方法,想法也越来越多。第四天,老师带着他们来到了前院的柏树下玩。由于是夏天,天气确实有点热,几个聪明的孩子躲在那棵最高的松柏树下乘凉,正在这时,只听小勇喊:“你们看,大树的影子好长呀!”“我们来测测这棵大树的影子有多长吧!”又一次有趣的测量讨论就这么开始了,不一会儿他们就取来材料,即兴的测量开始了。

第一种测量方法:用毛线量

只见小勇拿来一个大大的毛线球,扯着线头从树根下一直延长到影子的顶部,再找来卷尺量,由于影子很长,卷尺的总长度是500厘米,一次量不完,孩子们量了两次,测得柏树影子的总长度是(500+375)厘米,并做了记录。

第二种测量方法:用雪糕棍量

大家拿来了许多雪糕棍,然后沿着影子摆了起来,最后数了数一共用了55根雪糕棍,然后,再量出每根雪糕棍的长度,最后在老师的帮助下算出影子的总长度,并做了记录。

第三种测量方法:用脚测量

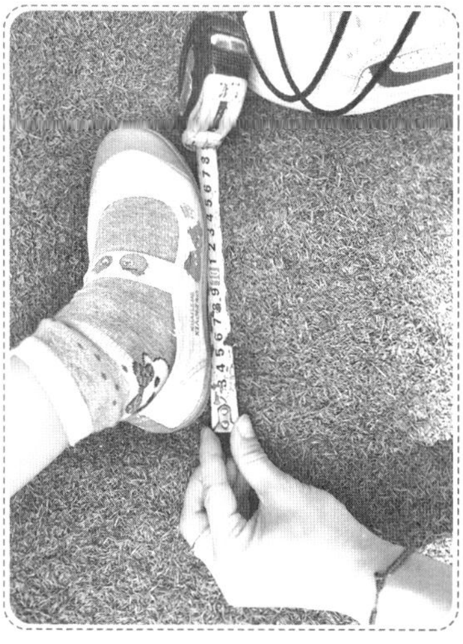

一个孩子用自己的脚在绳子上脚尖接脚跟,一步一步走,看看一共要走几步,再量一下一个脚的长度,然后记录。

第四种测量方法:用身体量

大家刚刚数完小朋友一共走了多少步,正在这时,金江说他有个更快的测量方法,就是用自己的身体量。他在影子的标准线上,脚跟靠紧大树根部躺下去,然后让老师在他的头脚处各画一条线。第二次躺时，脚跟要和上次头部画的线对齐，就这样依次测量下去，最后看一看影子有金江几个身体那么长。

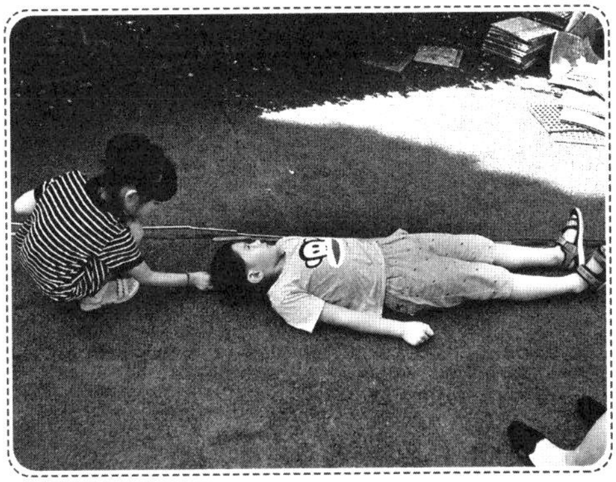

就在大家量得不亦乐乎的时候，突然有人大喊，大树的影子跑了，于是孩子们都走了过来，发现大树的影子真的不在刚才的地方了，咦，这是为什么？孩子们猜测出各种各样的答案，最后老师建议孩子们回家和爸爸妈妈一起查查资料，明天到幼儿园再来讨论。

游戏反思

（一）材料的选择上具有开放性

这个游戏中，幼儿利用日常生活中见到的雪糕棍、毛线、绳子等，加上让幼儿自己操作，自己动手来寻求答案，让幼儿体验到了测量的乐趣。

（二）材料的投放中数量充足

教师事先投放了丰富的材料，如毛线、尺子、雪糕棍、粉笔等，让孩子们自由选择操作，甚至当他们想用身体测量时教师也给予了支持，让孩子感受不同的测量方式带来的不同体验。

因为活动中要测量的就是孩子们熟悉的大树，所以在测量的时候孩子们特别开心，积极性也特别高。测量过程中，因为幼儿之间的能力有差距，所以有对有错，那么教师在活动的过程中，就要多给幼儿创造交流、尝试的机会，遇到困难，让他们自己去想办法、去解决问题，提高幼儿自我服务及解决问题的能力。

（鲁雪佳）

打杏核

打杏核游戏竞争性非常强，几枚小小的杏核，可以让孩子们玩得津津有味。输者将失去对杏核的所有权，赢者将得到很多的杏核，这显然有别于其他“精神奖励”的游戏，容易激起孩子们竞争的意识，大班的孩子特别争强好胜，所以“打杏核”游戏现在成为大班孩子们的最爱。

游戏实录(一)

区域游戏时间到了，几个男孩围着一盒杏核窃窃私语。

小雨:“我们来玩打杏核游戏吧?”

东东:“好啊，好啊。”

翔翔:“我来做裁判。我们到红毯上玩吧，每人先拿 10 个杏核，走喽!”

孩子们经过简单的商讨，高兴地拿着杏核来到户外的红毯区，开始了小小男子汉的争夺赛。

小雨:“所有的杏核都给我，我先打。”

东东:“不行，我先来。”

两个孩子争得面红耳赤，都想先开局。这时，我们班“智多星”翔翔想出了主意:“别吵了，这样吧，谁出的杏核数量多，谁先打。”结果，小雨和东东为了先开局，都倾尽所有，都拿出了 10 个杏核。

翔翔:“那就剪子包袱锤，谁赢谁先打。”

东东的“剪刀”剪破了小雨的“包袱”，“我赢了，我赢了，我先来”，东东兴奋得跳了起来，小雨只好无奈地把手里的 10 个杏核递给了东东，精彩的打杏核比赛开始了。

反思

现在的孩子以自我为中心的意识很严重，面对矛盾时充分显露出霸道任性的性格特点。东东和小雨为了争先，互不相让，但是翔翔却是一个善于解决问题的孩子，他想出了多种办法来解决争执。谁出的杏核多谁先来，都出一样多，剪子包袱锤决定胜负。于是，游戏又愉快地进行下去。幼儿与同伴之间的矛盾冲突是幼儿社会交往的重要形式，是幼儿社会性发展的重要影响因素。面对幼儿的冲突，我们要充分信任幼儿，放手让孩子自己处理发生的问题，作为老师要不动声色地观察他们的言行，做到既要关注又尽量不干预。通过这一次完美的矛盾解决，相信小雨和东东在今后遇到问题时，会逐渐学会与人沟通、协商，完美地解决问题。

游戏实录(二)

东东双手捧着两人的所有杏核，小心翼翼地轻轻地撒到红毯上，结果杏核都紧紧地挤在一起，根本无从下手，左看右看多时，也没决定先打哪两个。小雨着急地说："你再用点力，杏核就散开啦，让你一次，重来吧！""好的，好的。"东东特开心，又有点不好意思了。老师默默地给了小雨一个大拇指，小雨笑了。

东东赶紧又调整力度，把杏核撒向红毯，这一次，大多杏核之间距离均匀，目测很好打。东东连连胜利，一连赢走了 5 个杏核，小雨目不转睛地盯着，气氛有点紧张。"停！"裁判发话了："东东，你犯规啦，画线的时候手指碰到杏核了，这两个杏核距离太近，你用大拇指画线，肯定不行，如果用小指画就不会碰到啦。"东东虽然有点懊恼，但还是服气地说："好吧，小雨，你来吧！"

游戏反思

这一段游戏中，小雨表现得很大度，按规则是不可以重复撒杏核的，但是，小雨让东东重复了一次，说明小雨已具备了让游戏顺利进行下去、两人都能玩得开心的善于解决问题的能力。老师及时竖起的大拇指，激励巩固了这种正确行为。游戏中，孩子们都专心致志，裁判连小小的一点失误都不放过，说明这个游戏强化了孩子们的专注力以及规则意识。

游戏实录(三)

小雨开始了，他小心翼翼地观察、比对、选择，也是连赢 5 子。这时，场上只剩下 10 个杏核，且杏核之间的距离不是太远就是太近。因为规则是即便打着了，也不能碰着其他杏核，否则即属犯规，所以弹射的力度也一定要掌握好。小雨手指在两杏核之间虚划一线，食指对准一杏核用力一弹，精准地击中了我认为不可能击中的那颗远远的杏核，我们都情不自禁地为他鼓掌，小雨的小脸红红的，两只小手紧握拳头做了一个加油的手势，又赢一子。

就这样你来我往，终于，场上的杏核没了，都被两个孩子赢走了。哈哈！裁判出场了："小雨手里的杏核是 11 个，东东手里的杏核 9 个，小雨比东东多了 2 个，小雨胜。""再来再来，下一次，我一定能赢！"东东不服输，于是下一轮比赛又开始了。

游戏反思

打杏核游戏要求幼儿要善于观察，做出判断，目测各个杏核之间的远近距离，先打哪两个更容易成功；出多大力气，能使杏核落点于理想位置，便于打下一个；打着了，取走哪一个更利于战局等，都需要孩子去判断、去分析。清点胜利果实的时候，要点数正确并说出多几个、少几个，如果想要赢的话，那更要神情专注、动作标准，要集中注意力才行。因此在这个过程中，既发展了幼儿的观察力、分析判断能力，又发展了幼儿的分析比较与计数能力。

另外，此游戏对场地要求不高，孩子们随处可玩。比赛时，大家各显神通，蹲着、趴着、站着，姿势可以各不相同，是一个非常有趣的游戏，也是一个非常适合孩子玩的竞技游戏。在游戏中，老师与孩子们又多次完善了游戏规则和玩法，使“打杏核”的游戏内容更加丰富，更加好玩了。

（孙红岩）

分核桃

主题活动六“我会分享”开展以来，孩子们总爱拿东西到幼儿园给大家分享。这不，今天大璇拿了 6 包小饼干到班上准备和朋友们一起分享。老师建议说：“谁回答上老师的问题，就让大璇分享给谁，好不好？”“好。”于是，老师先拿了 2 包说：“我有 2 包小饼干，要你分给爸爸和妈妈吗，可以怎么分？”孩子们都说：“爸爸 1 包，妈妈 1 包。”后来老师变成 3 包，让孩子们分，孩子们都能回答上来。老师受到了启发，何不让孩子们用一些我们常见的花生、杏核和核桃，学习给爸爸妈妈分东西呢？这样可以在游戏的过程中慢慢渗透数知识，一边游戏一边学习，玩中学，做中学，寓教于乐，为孩子以后学习数的组成打下基础。

游戏实录

今天润润和玥莹在玩“我会分”的游戏。润润说：“玥莹，我来分，你来写，好不好？”玥莹说：“好吧。”润润说：“你去拿笔吧。”玥莹跑去取了一盒水彩笔过来。这时润润已经把杏核和蛋糕盘从盒子里取出摆好了。玥莹说：“我们分几个东西呢？”

润润说："从 2 开始分吧。"于是，润润取了两个核桃放到盘子里，玥莹说："记下来我有 2 个核桃。"于是在记录纸上写上了数字 2。润润说："给爸爸一个。"边说边拿了一个放到爸爸的盘子里，剩下一个放在妈妈的盘子里。然后对玥莹说："快写上，爸爸 1 个，妈妈 1 个。"玥莹就赶紧写上。润润又说："我要分 3 个了。"润润重新取了 3 个核桃，放到盘子里，然后督促玥莹写好 3。她又开始分了，给了爸爸 1 个，剩下的都给了妈妈，然后对玥莹说："你记录好了吗？"只见玥莹在爸爸的格子里写了个 1，在妈妈的格子里写了个 2。然后润润又嚷着："我要分 4 个了。说着，就要动手拿 4 个核桃。"这时，旁边的老师提醒说："润润，刚才你给了爸爸一个，妈妈 2 个，想想看，还可以怎么分呢？"润润歪着脑袋，看着我，手指放在嘴唇边，一副思考的样子。这时，玥莹说话了："可以给爸爸 2 个，妈妈 1 个呀。"我说："对呀，把爸爸的数量和妈妈的数量换一换，不就又是一种分法了吗？这种分法有个好听的名字，叫'互换'。来，润润，你把爸爸和妈妈的数量换过来看看，是不是这回爸爸得到了 2 个，妈妈得到了 1 个，跟你刚才的分法不一样。你们记住，两个不一样的数，位置交换一下，变成另一种分法。来，玥莹，把这种分法记录上吧。"玥莹赶紧写上了。"那想想看，3 还有没有其他的分法呢？"他俩想了想，摇了摇头。老师说："现在，可以分 4 个核桃了。"于是两个人继续合作 4 的分法。首先是分得一样多，2 和 2；然后分了个 1 和 3。这回润润会主动地把 3 和 1 两个数换过来，变成另一种分法。两个孩子一直玩得很投入。

游戏反思

此游戏中，老师利用生活中常见的核桃这一物品，代替好吃的食品让孩子给爸爸妈妈分礼物，为学习数的组成做铺垫。通过游戏，让幼儿体验数学的乐趣。老师通过创设情境，引导孩子们去探索，去操作获取有关数的组成经验，有效地调动了孩子们的探索欲望。在孩子们操作的环节，教师放手让幼儿去尝试操作，然后再做记录。但在操作过程中，教师发现润润只是随意分合，没有规律，这时教师适时引导，再次让幼儿操作，让幼儿自己讲述操作过程，这样一来，他们的语言表达能力、逻辑思维能力又得到提高。在这个环节中幼儿学会观察比较、学会思考，初步培养了综合分析能力。

整个活动过程中，让幼儿通过自主尝试探索，层层递进，逐步掌握了数的分与合规律，并能用较为清楚的语言表达分与合的过程，在纸上进行记录。在活动中，幼儿表现出浓厚的兴趣，又体验到了成功的喜悦，充分体现了“幼儿在前，教师在后”教育理念，该游戏也很好地体现出了有效的生生互动、师幼互动。

（李志琴）

小路诞生记

幼儿园有一条长廊，为了安全铺设了沙子，但每次孩子经过那里时，鞋子里面就会灌进沙子，有个孩子说：“要是这里有条小路就好了。”为了让孩子再经过这里时，既能舒舒服服地走路，又能给孩子以美的享受，经与孩子们讨论后我们决定在这里铺设一条小路。

在决定要在长廊处铺设小路期间，恰逢幼儿园外面正在整修人行道，于是我们提醒孩子来园离园时，注意观察修路工人是怎么铺设石板的，孩子们通过有意识地观察，为铺路游戏的开展做好了前期经验的准备。

游戏过程中通过教师的预设、推进和反复研讨，以及孩子的自发生成产生了一系列的游戏活动。

游戏实录

（一）发起游戏

既然孩子们想铺一条可以走的、鞋里不灌沙子的小路，那铺路需要用到什么材料和工具呢？铺路前又需要做些什么呢？我们把这些问题抛给孩子，转去问孩子们，让他们自己设计、自己铺设。孩子们首先来到长廊做现场勘察，在勘查现场的过程中，孩子们发现原来铺设的沙子路由于雨水的冲刷、小朋友的玩耍以及人们的走动，变得很不平整，而且上面还有很多的树叶以及其他的小器械等。所以首先要做的第一步就是清理沙子路。孩子们有用手捡的、有用笤帚扫的、有拿铁簸箕撮的，大家齐上阵，很快小路清理干净了，接下来要做的就是设计小路了。

1.设计小路

回到活动室后，孩子们就成了一个个道路设计师，一个班的孩子分成了6组，来进行共同的集体创意。怎么样才能设计好我们幼儿园这条小小的沙子路呢？孩子们设计出了很多各具特色，又各显奇思妙想的不同的设计图。

孩子的设计思路和成人的设计思路到底有什么不一样呢？从孩子们的设计图上我们可以看出来，孩子们的设计很有现代设计理念，兼顾了小路的整体规划、休闲娱乐以及美观、大方等各种特色。孩子的设计思路，特点就是不按常理出牌，我们成人最常用的方式是方方正正、工工整整、规规矩矩，但是我们来看孩子的设计思路：他喜欢用方的、圆的、椭圆形的、歪的、斜的……这就是孩子的思路，孩子们比我们成人具有更强、更丰富的想象力。

2.确定设计方案

图纸设计出来之后，接下来每一组孩子就要对照图纸来介绍他们的设计方案，说说他们的设计方案的创意及思路，然后还要竞选以便确定最佳设计方案，在这样的展示过程中，孩子的语言表达能力、社会交往能力、应变能力以及做事的执行力都得到锻炼和发展。

经过一番竞选和商讨，最后孩子们选择了下面这幅设计图。为什么选择这幅图呢？因为这幅图相对比较简单，在方案实施过程中比较好操作，而且这幅图也比较有创意，所以孩子们最后基于自己的判断，选择了这幅设计图。

3.施工

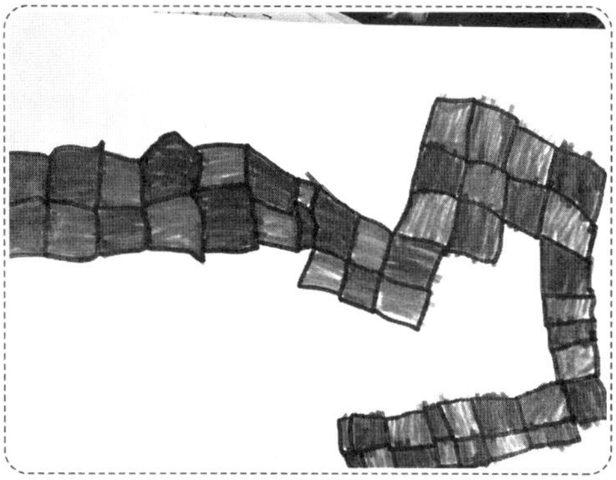

有了设计图之后，接下来孩子们就分组进行小路的铺设，我们看得出来，孩子们的铺设过程，其实是一个开放性的探索过程，可以选择正方体的方砖，也可以选择长方体的砖头。

在这个过程中，老师是作为儿童活动和发展过程中的支持者、合作者和引导者参与其中的，孩子完全进行开放性的探索，老师只是给他们一些有效的支撑。比如说大班的孩子能不能在道路铺设过程中，更好地运用美术的元素、科学的元素和逻辑推理的元素呢？

我们可以看得出，孩子是用这样一种方式铺设的：他们采用两种颜色的方砖以交错的方式进行小路的铺设。在铺设的过程中，孩子们也遇到了问题，因为地面并没有经过很好的平整，所以如果在这个没有经过平整的沙路上直接铺设这条道路的话，没有办法铺平。这是孩子们在铺了一小段后上去试了一下得出的结论，他们认为踩在这样的小路上会比较容易摔倒、磕绊。

道路怎么样才能弄平整呢？我们发现孩子们想出了很多办法，想到最常见的办法就是踩一踩、跳一跳、跺一跺脚把路给踩平、踏平。可是能踩平、踏平吗？孩子们尝试后发现踩和跺这两种策略都是没有效果的。

这时我们并没有急于给孩子一个答案，而是让孩子们去向家人寻求答案，

让孩子回去问问自己的爸爸妈妈，当爸爸妈妈遇到这样的困难时，他们该怎样来解决？爸爸妈妈和孩子们商量出了一些办法：用铁锹铲平、用镢头刨平、用锄头锄平、用耧耙拉平，如果沙地被以上各种工具弄得较为松软、平整了，个别小地方的不平整可以用木板刮平；还有用压路

机压平，用大石头砸平的……孩子们带回了一卡车的办法。

最后孩子有选择性地从成人提供的这样一些框架中，选择了用铁锹来把沙地给平整好，这时候就需要工具的支持，我们为孩子们的铺路工程提供了安全帽、小铁锹、软尺、木板等工具。

土地平整好后，孩子开始用方砖铺设。铺设中发现方砖厚薄不均，有的方砖薄，有的方砖厚，导致方砖铺上后不平，容易绊倒，最后他们的解决办法是：在薄的方砖下面垫上点沙子，把厚方砖的一部分埋在沙子里。开始填沙子时，孩子们是用小铁锹铲沙子，撒在砖的空隙里，后来他们发现旁边的雨棚里有个飞镖盘和筛子，于是，飞镖盘和筛子也成了孩子们填充空隙的有力工具，他们用筛子筛，用飞镖盘刮、铲、推，方砖的空隙很快填平了，这样小路又平又稳了。我们不由得感叹：孩子真是为游戏而生的，他们是真正的游戏高手，无论什么样的材料只要到了孩子手中，就会让游戏变得更加丰富多彩。所以，作为老师，我们尽可能多地给孩子提供一些低结构的游戏材料，放手让孩子自由自主地去探究、去游戏，而我们老师要做的就是用心去观察孩子的游戏活动，低结构的游戏材料在孩子的游戏活动中呈现给我们的将是不一样的精彩，我们收获的将是满满的感动和惊喜。

小路不平的问题解决了，小路铺设起来变得顺利多了，在小路拐弯处的处理上，也经历了从直角拐弯到顺滑的弧形拐弯的过程。当小路第一次需要拐弯时孩子们思考了很久才完成了第一个拐弯，第一次拐弯是直角拐弯的，虽然拐弯是做到了，但是，孩子们觉得直直的拐弯不好看，他们想要小路变得看起来美观一些，于是，他们开始尝试弧形拐弯。棱角分明的砖头要实现弧形拐弯可不是件容易的事，孩子们拿着方砖颠过来倒过去地试了好多次，发现无论怎么样摆放，砖头拐弯的地方都会留下空隙，那这个空隙该怎么处理呢？孩子们想到了用长方体的砖头和砖头破碎后留下的小三角来填补空隙，这样小路就完成了从直角拐弯到弧形拐弯的华丽变身。

经过孩子们的努力，一条走上去不再往鞋子里灌沙子的小路铺成了，小路铺设工程顺利完工。

由于我们提供了软尺，因此孩子们对方砖的大小产生了兴趣，孩子们用软尺去量一量方砖每个边的边长，在量的过程中，孩子对正方形四条边一样长的概念也就有了更直观的认识，然后再数一数这一段小路一共用了几块方砖，量一量这几块方砖一共有多长，当尺子翻转后，这个男孩提醒同伴："用小的数字那边。"此时，我介入指导，引导孩子认识了一下软尺两面数字代表的不同数量单位。老师提供的有效的游戏材料是孩子游戏深入开展的助推剂。

由于当时幼儿园的材料只有正方体和长方体两种样式的方砖，所以小路的铺设相对比较简单，美观度也不够，如果材料足够丰富的话，孩子还可以使用其他的一些多边体的砖头及鹅卵石、彩石等作为铺设的重要材料。

（二）路边衍生游戏趣事

孩子们还在继续探索，接下来我们老师考虑的问题是怎样让这条路更具人性化，更具生活气息，让这条小路成为集多种游戏活动于一体的"一条龙"式游戏场所。比如：在小路的周边设计儿童乐园、棋牌室、茶室、咖啡店、蛋糕店、冷饮店等小区角，让这条小路成为孩子的乐园。在老师的指导推进下，小路的边上开设了"茶室"和"棋室"。

1."茶室"趣事

茶室还没开张，就吸引了很多小伙伴，茶室老板悦悦无奈地对小朋友们说："我的茶室还没准备好呢，等准备好了你们再来吧。"于是悦悦招聘了一名服务员子墨和她一起做准备。悦悦看到子墨高兴地跑到圆桌旁边坐下，马上对子墨说："那里不是我们工作的地方，那里是客人喝茶的桌子。"子墨说："那我们工作的地方应该在哪里？""我们应该在这里弄个操作台。"悦悦指着茶室的一角说。子墨听了马上和悦悦一起用方砖做了一个长方形的操作台。接着悦悦和子墨两人将茶叶罐搬到操作台上，还捡了好多干的碎叶子，又到小菜园里摘了几片新鲜蔬菜叶子，不同味道的茶就用不同的叶子冲泡。

叶圣陶曾说过："游戏从生活中来。"我们幼儿园身处北方，茶室在北方是不多见的，所以，孩子的前期经验不多，孩子对茶室、茶叶的认知也只是看到家人喝茶才略懂一二。从悦悦开茶室的过程可以看出，悦悦应该去过茶室，因为，她的思路比较清晰，很清楚茶室里需要操作台、茶叶、茶具以及喝茶的地方。另外，悦悦是由姥姥姥爷带大的，她经常看到姥姥姥爷用各种植物冲泡茶水喝，悦悦能够利用替代物作为各种不同的茶叶，也是其经验在游戏中的延伸与拓展。

2.“棋室”小故事

故事一：这天洋洋、浩浩在铺好的小路旁的棋室里选择了五子棋游戏，他们选好了棋盘和棋子，便开始愉快地下棋。一会儿洋洋说：“我赢了。”浩浩说：“你的五个子还没连起来呢。”看来孩子对于构成五子的排列方法还不是很理解。

洋洋和浩浩选择了五子棋游戏，说明他俩对于棋类的东西还是很感兴趣的，但是对于如何下好五子棋还不是很了解。怎样才能让孩子一目了然地了解游戏规则和玩法，达到事半功倍的效果呢？我用彩纸做了一个五子棋棋盘，用笔画出了五子棋的各种玩法，放在五子棋棋盒里，这样孩子在选择五子棋游戏的时候，既可以根据提示卡的提示正确地下五子棋，同时也给予了孩子自主学习的机会。

故事二：今天，多多和凯凯选择了五子棋游戏，走了几个回合，总是多多赢，凯凯急了，在第四个回合时，多多移动了一个已经下好的棋子，然后说他赢了。凯凯不愿意，两人争了起来，凯凯说：“你赖皮，刚才这棋子明明是放在这儿的，不可以再移过去的！”多多说：“我刚才放错了，我其实是想放在这儿的。”凯凯说：“放好了就不可以动来动去的！”多多说：“刚才又没说不可以动。”凯凯强硬地说：“下好了就不能动。”多多一听生气了，找我告状。我问多多：“你们下棋前有没有约定下好的棋子不能动？”多多摇摇头，然后又说：“凯凯上次说的，下好的棋子不能再动。”我对多多说：“就是说在你们上次下棋时就说好的，对吗？”多多点点头，我又问多多：“如果凯凯下好的棋也动来动去，你同意吗？”多多想了想摇摇头。“那该怎么办呢？”我问他们。他俩你看看我，我看看你，多多想了想说：“凯凯，那还是按我们上次说好的来玩吧！”凯凯说：“好的。”两人又高兴地重新下起棋来。

争吵是孩子交往中不可避免的现象，是孩子交往的一种方式，《幼儿园教育指导纲要》中指出：“儿童通过交往，逐步认识自我并接纳他人，初步了解社会生活必需的基本行为规范。”孩子正是在争吵中学会了保护自己，学会了收敛自己，学会了与人交往的技能与经验。由于孩子自我解决问题的能力还不强，所以，当孩子在争吵中各不相让时，往往会找老师来为自己撑腰，希望通过老师的“权威”来帮助自己达到目的。如果老师不把球踢给孩子，让孩子尝试自己去解决问题，孩子自己解决问题的能力就得不到提升，也阻碍了孩子交往能力的形成和发展，孩子在今后遇到类似的问题时，就会以“争斗—失败—找老师”的方式来解决，这样做不利于孩子的社会性发展，因此，教师应尽量在孩子遇到矛盾和冲突时，引导孩子尝试自己解决问题。

老师在投放一个新游戏材料时，不能仅仅是把材料提供给孩子就行了，而应该及时了解孩子的需求。通过两个“棋室”小故事，可以看出来对于五子棋游戏，孩子是先从认识五子棋盘，到初步了解五子棋的下法，再到根据提示卡的提示正确地下五子棋，同时阻断对方的五子连接等等，都是一步步走过来的。

《幼儿园教育指导纲要》指出："教育活动中心任务是，充分鼓励儿童参与活动，与同伴交往，形成良好的人际关系。同时，儿童社会性的发展，是内在意志与他人共同活动的外在要素相互作用的产物。"所以作为教师，应多为孩子创造交往的条件，更多的是巧妙使用图示法、鼓励法、自主学习法，让孩子真正的“乐在棋中”。

五子棋是一种益智游戏，孩子在玩的时候可能会出现不会玩或玩不好的情况，面对这种情况教师不用太过着急，要给孩子尝试探究的机会，教师可适时介入，也可以和孩子一起下棋，帮助孩子积累和提升经验，提高孩子的棋艺，也可以让下得好的孩子带能力弱一点的或是不会下棋的孩子玩，以帮助全体孩子提升棋艺。

根据不同孩子的实际情况，建议家长在家里创设棋类游戏的氛围，鼓励家长与孩子一起下棋，有问题多与老师交流、沟通，在和老师的共同协商下，找到更能激发孩子参与棋类活动兴趣的方法。

游戏反思

本游戏中，孩子是游戏的发起者，是游戏的设计者，是游戏道具的制作者，也是环境的建设者，游戏问题由孩子们自己解决。

铺路对于成人来讲很简单，但是对于孩子来说却是具有一定挑战性、充满吸引力的一个内容，活动过后的分享过程中孩子们有说不完的话，而且这里面涉及科学、艺术等。我们也真的没有想到，在这个铺路的工程中，孩子们的活动会那么专注，孩子们在铺路活动中产生了很多很多的学习，愿孩子们在今后的铺路游戏中会有更多的收获。

（刘青峰）

百变泥巴

黄岩泥是栖霞大山上随处可见的特产资源，泥巴的可塑性、黏合性强，本地人又称“黄胶泥”。这种泥质地黏黏的，可塑性很强，很好地激发了幼儿的动手欲望与探究兴趣，根据实际情况，我们把黄岩泥巴区建立在了菜园和水池的旁边，黄岩泥装在一个一个大瓷缸里面，为孩子们创设方便好玩的泥巴区。

游戏实录

又到了开心的游戏时间了，孩子们兴奋不已地赶紧换上装备来到泥巴区，开始分工行动。诺诺说：“哎，你们听我说，我和凯阳力气大，我俩拿水桶去接水和泥，你们先把泥弄到盆里等着我们可以吗？”小伙伴们愉快地说：“好。”就这样，大家开始行动起来了。看着他们一个个忙碌的小身影还真是有模有样呢！在大家的一致努力下，泥巴搅拌好了，可是问题来了，由于水加得太多了，所以泥巴太稀，怎么都黏不到一块，其中一个小朋友不耐烦地埋怨起来：“诺诺，都怪你，水加得这么多。”诺诺不服气地“哼”了一声，一脸的委屈。老师听到后走过去说：“诺诺也是一片好心呢！费了那么大的力气拎的水，水多了没关系呀！我们可以再加一点泥，重新调一下不就好了。”听老师这么一说，有的孩子也附和说：“就是嘛！”我们找来了泥，孩子们问：“老师，要加多少泥就好了？”老师回应道：“我也不知道。”他们又说：“啊？老师都不知道，那怎么加啊？”老师笑着说：“这样吧，咱们一点一点往里加，觉得合适了就停下。”就这样，经过大家的努力，泥巴终于调好了。

孩子们有的将泥搓成圆球放在地上滚动，有的在捏机器人，女孩子们还有的在做小花和漂亮的蛋糕，有的孩子把弄好的泥巴造型印在板子上作画，再后来大家突发奇想开始把弄好的造型往墙上按，一个个可爱生动的形象印在墙上还真是蛮有特色的呢！突然有人喊：“卖羊肉串喽！卖羊肉串喽！”孩子们都被叫卖声吸引了，一看，原来是达达用树枝把若干个泥球串在一起，做成“羊肉串”在那儿叫卖起来了，里澳高兴地连忙跑了过去说：“咱们一起开个饭店吧！”“好呀！我也要玩，我也要玩。”老师连忙说：“这个主意不错，可是只有肉串可不行！你们好好想想，跟爸爸妈妈去饭店吃饭的时候还吃过什么好东西，你们得做得丰盛一点，客人才会喜欢！”一听这话，更多的孩子加入到了这个游戏中，大家开始商量做什么，甜甜和思妍将泥土做成披萨，甜甜说：“上面撒什么呀？”思妍说：“我有办法了。”然后跑到菜园里摘了一些菜叶和小果子，把菜叶撕碎撒在上面，看着很有食欲。有的做了大碗的造型，里面搓的一条一条的泥巴条当作拉面。美食的种类越来越多了，也越来越热闹了，叫卖声也多了起来，老师也赶紧凑个热闹：“哎呀！肚子好饿呀！吃点什么好呢？”这时孩子们都争先恐后地来邀请老师去品尝“美食”。只有月月一个人在后面小心翼翼地看着大家不说话。老师走过去问：“月月，你做的这个看上去好好吃呢！你能跟我介绍一下你的美食吗？”听老师这么一说，月月害羞地说：“可我做得太丑了，没有梦琪的好看。”老师笑着说：“我觉得很有特色呢！”听到老师的肯定，月月自信了起来，开始讲她是如何做的。有的孩子还捡了许多的树叶、小石子当现金，来买东西。

时间就在孩子们欢乐的气氛中结束了，我们把作品全部放在展示柜上，等晾干了还可以涂上漂亮的颜色放在角色区继续玩呢！

游戏反思

通过让幼儿玩泥巴，真正体会到陈鹤琴先生所说的“大自然、大社会都是活教材”的内涵。亲近自然是孩子的一种本性，孩子对于泥土之类的东西更是情有独钟，作为老师，我们更应该注重鼓励支持孩子们去动手、去操作、去探索、去发现，让孩子们更亲近大自然，珍惜自然资源，做一个生活的热爱者。让孩子们在活动中尽情地玩、尽情地做，体会成功的乐趣。

作为老师，在活动中，我们要把主动权还给孩子，相信孩子，更要关注到每一个孩子，尤其是那些话语不多、不引人注目的孩子，他们更需要老师的关注和支持，多一份支持和鼓励就能帮他们建立自信。这就需要我们老师有一双善于发现的眼睛，去发现孩子内心的需要，让孩子一步一步变得自信、阳光。

（郭丹丹）

开菜市场

午间餐后散步时，孩子们又经过幼儿园的小菜地，看着绿油油的蔬菜，孩子们可开心了，他们不由自主地伸出小手轻轻地摸摸嫩绿的菜叶。桐桐一边摸一边自言自语地说：“小菜苗呀，快快长吧，长大我要吃了你。”说完还身子朝前一探，张开嘴巴做了个吃的动作。旁边的一凯看到了学着他的样子说：“小菜苗呀，快快长吧，长大我要卖了你。”

听了一凯的话，老师灵机一动，追问：“一凯，你要把菜卖到哪里去呀？”

一凯听了愣了一下，看着老师边想边说：“卖到哪里去呢？卖到老远的地方去肯定不行，上菜市场卖我们又不能自己去，卖到哪里去呢？”

旁边的琪琪笑眯眯地插话：“卖到南方去吧。”

一凯："不行，南方太远了，还特热，那次妈妈带我到南方旅游，车在路上要走好几天呢，我们带的水果都坏掉了好几个，小菜苗这么嫩，要运到南方去肯定得烂了，不行不行。"

琪琪："那卖到哪儿去呢？"

师："看来这个问题比较难，我们回去和好朋友一起商量一下吧！"

游戏实录

（一）集体谈话讨论：菜场游戏现雏形

回到教室后，孩子们兴致勃勃地开展"卖到哪里去"的讨论活动，谈论过程中，孩子们个个开动脑筋想办法。卖到南方去的想法被否定了，小骏提出要卖到北方去，孩子们又对此发表了各自的意见。

嘉嘉："北方也不行，那边太冷了，前两天我还在电视上看到那边下雪了呢，到那边会把小菜苗冻坏的。"

南方不行，北方也不行，孩子们像拉大锯一样争个不停。

（教师介入）眼看争论不出结果，老师觉得应该出手往回拉一拉。"模仿早市开一个绿色小菜场怎么样？卖菜的游戏肯定很好玩。"

一语点醒梦中人，孩子们异口同声地说："玩小菜场游戏！"什么时候玩？孩子们商量好午睡起床后玩小菜场游戏。

（教师推进）在孩子们午睡时，老师悄悄做了这件事：在家长群向家长发出倡议，把活动一说，得到了家长的积极响应，老师再三叮嘱家长，准备好零钱，买菜的时候，要出难题、讲价钱，刁难一下这些卖菜的小农夫们。

（二）集体学习活动：制定游戏计划表

起床后，老师宣布，下午取消计划表中的活动，孩子们可以尽情玩游戏啦。在讨论中，孩子们"哇"声一片，不干不知道，原来玩小菜场游戏要准备这么多。

一个很重要的问题先要解决掉："玩游戏要有地方才行，这一次的游戏是真的菜、真的卖，在哪里开真的小卖场呢？"

程程提议在小菜园卖，希希反对道："在小菜园卖不行，人多会把旁边的菜给踩坏的，再说小菜园在前院，有的爸爸妈妈会看不到我们在卖菜的。”

小诺说在班上卖，洋洋说：“会把班上弄脏的，还有，在班上卖就我们自己班的爸爸妈妈来，其他班小朋友的爸爸妈妈不会上我们班来的，我们种出了这么好的菜，应该让全幼儿园小朋友的爸爸妈妈都知道，我们大一班的小朋友种的菜可好了。”

老师：“进门的水泥大道不错呢，那里是每个小朋友的爸爸妈妈的必经之路，我们就把菜场摆在那里行吗？”

孩子们齐声说：“行！”

可是，老师话题一转：“卖菜，你们能行吗？”

这个问题看来也难不倒这帮大班的孩子们，因为他们已有跟着爸爸妈妈逛超市、早市的经验啦。

我们要把菜捆起来，一样的菜在一起，菜叶上有的不干净，要选一选，择一择，不要带上泥土。“哦，任务这么多，脑子记不住怎么办？”在一旁的老师做出了犯愁的样子。孩子们说：“用笔记录下来。”一会儿工夫，一张孩子们能读懂的任务清单获得了孩子们全票通过。

老师的问题又来了：“咦，这么多的活儿，怎么干能快一些？”孩子们七嘴八舌：“要写1、2、3、4，先干什么再干什么，才能干得快。”老师总结说：“哦，我知道了，做一件事情之前，做出计划非常重要。”再一会儿工夫，标有序号的任务清单完成。

（三）分组操作体验：搭菜摊—摘菜—整理—演练

1.搭菜摊

按照分组和任务清单，孩子们首先要做的就是摆游戏场地，模仿的是东山早市的菜架样式，一摞摞椅子支撑、搭上室外长积木制作的架子出炉啦。

2.摘菜去

去菜地里收蔬菜时，孩子们小心翼翼，拔好菜后把泥土去掉，一棵棵放进篮子里。

3.整理菜

打捆包扎需要耐心才行呢。孩子们把菜择选出来，非常细心地用剪刀将菜的根部剪掉，将一棵棵菜整齐地捆绑在一起，喏，看起来还像模像样呢。

4.卖菜演练

一捆一捆码好的菜上架，孩子们一试，发现架子高，而且人多的时候不结实，容易倒且操作不方便，聪明的孩子们马上有了取而代之的好办法：到班级材料区找来废旧报纸，摆成一个一个报纸摊，这下不怕倒啦。

吆喝吆喝、卖菜卖菜！老师也不闲着，变身买菜阿姨，指导孩子们绘声绘色推销菜品。

（四）真游戏真体验：菜场游戏

下午4:30，孩子们各就各位，随着爸爸妈妈陆续进园，小菜场开张，卖菜活动开始了。孩子们和好朋友分工合作，有人吆喝、有人卖菜、有人收钱、有人维持秩序。

真是斤斤计较的爸爸妈妈呢，一直在和孩子们讨价还价："这个多少钱？"

"一元，这一把就一元。"

"能不能便宜点呀？"

"好啊，我们的菜是最新鲜的，保证你喜欢。"

孩子们都想小摊上的菜赶紧清空，都很大方，没过多久新鲜无公害的有机蔬菜被抢购一空，其中水萝卜、生菜、小油菜、茼蒿、小葱尤其受到家长的青睐。

菜卖完了，孩子们不着急回家，却着急把手里的卖菜钱给老师看。老师和孩子们一起清点了一下，今天卖菜一共得到了16元钱。

老师："咦，每个小朋友一捆，一共30多捆，本来能卖多少元呢？"

会算的孩子马上就知道能卖30多元钱。可是为什么只收了16元钱呢？孩子们你看看我，我看看你，哦，少的钱，是因为很多是买一赠一搞促销了。

已经很多了，大班的孩子很知足。卖菜的钱怎么用？

当老师问到这个话题时，孩子们一脸的茫然，看来孩子的脑海中对于钱还是没啥概念的，琪琪笑嘻嘻地说："买棒棒糖吧，咱们一人一个。"

老师："棒棒糖一元钱一个，我们30个人需要多少钱呢？"

伟伟："30元钱。"

老师："一人一个棒棒糖需要30元钱，我们的钱够不够？"

孩子们："不够。"

老师："还差多少呢，有知道的吗？"

孩子们开始算了起来，小军说："还差14元钱。"

老师："真厉害，这都能算出来。"

小军自豪地说："我早就会算了，妈妈经常和我在家用玩具玩算题的游戏。"

老师："这16元钱我们到底该怎么用呢？"

经过孩子们的讨论，最后决定钱暂时先不动，由老师代管，等小朋友毕业典礼时买需要的东西。

从中午散步一直持续到傍晚离园后，小菜场游戏结束了，可是这个游戏带来的影响在班内持续了很久，孩子们回顾、分享这个游戏的好玩之处，老师们反思、评价并认真撰写游戏案例，思考这个生活环节引发的游戏案例背后的证据支持是什么。

游戏反思

这个游戏案例告诉我们，生活环节能生发游戏，游戏能导致生活环节课程游戏化的落地实施。老师在其中起到的作用是采取适宜的介入策略来平衡整个过程，孩子们面对的是不断解决问题和冲突，应对游戏带来的智力挑战。

纵观整个过程，从散步时孩子们自发的游戏到教师指导下的集体交流学习，再到以卖菜为主线的操作性真体验，最后回归到菜场真游戏，孩子并不是放任自留的，其中有老师的观察和介入，有老师的干预和推进。这些活动的安排是源自幼儿发展的需要，是变化着的，时间是不分割的、空间是室内室外转换中的、形式是多种多样的，能体现出老师借助生活环节萌发的游戏之芽而顺势铺展出综合的有意义的课程的初衷，能体现出教师灵活安排一日各版块活动，放手让幼儿自主掌控生活的意识，能体现出教师尝试以多种形式、多个角度对幼儿发展需要提供适宜性支持的举措。

（王梅英）

快乐择芸豆

《3～6岁儿童学习和发展指南》指出："基本的生活能力是幼儿身心健康的重要标志"，要"帮助幼儿形成使其终身受益的生活能力"。陶行知先生提出的"生活即教育"理念也指出："生活与生活一磨擦便立刻起教育的作用。有什么样的生活就应有什么样的教育，教育的内容应根据生活的需要。"

但在我们的实际生活中，有很多教师和家长都存在着"重教育轻生活"或将教育内容和生活相脱离的现象。这导致很多孩子虽然有一些技艺，比如：舞蹈、绘画、钢琴、书法、口才……样样皆能，但是却严重缺乏一些诸如热爱劳动、懂得感恩、自我服务、服务他人、富有责任感等优良品质。

幼儿升入大班以后已经具备了简单的生活自理能力，做一些力所能及的劳动是培养幼儿劳动兴趣的一种活动方式。我们从生活劳动中挖掘教育资源，为孩子们提供抹布、扫把、笤帚、洗衣粉、肥皂、塑料筐、各种盆等生活用品，通过"快乐帮厨日""周五劳动日"等活动为孩子们提供了学会生活的机会。

游戏实录

（一）初尝试

今天是大班孩子的帮厨日。午餐是土豆芸豆炖排骨，孩子们兴高采烈地在教师带领下到厨房取来了一大盆的芸豆，要帮助厨房的叔叔阿姨择芸豆。由于孩子们平时只是看到加工好做熟的成品菜，刚看见芸豆时感到无从下手。所以在择菜之前，老师们首先让孩子认识了芸豆的结构、了解其营养价值、知道芸豆的吃法。“那今天我们要怎样帮助厨房的叔叔阿姨择芸豆呢?”子航抢先说：“我知道，我妈妈做的芸豆都是一段一段的，是不是我们把芸豆掰成一段一段的就行了?”说完迫不及待地把芸豆一掰两断，其他孩子也纷纷效仿。我知道孩子们缺乏的是参与生活的实际经验，要让孩子们通过实际操作来发现问题。于是，我没有回应他，而是静静地观察着孩子们。“老师，芸豆挺好掰的，轻轻一掰就断了。”“老师，我的也掰断了。”“老师我的也断了。”我边听孩子们七嘴八舌地说话，边观察着孩子们的行为表现。

（二）遇问题

健健一直低着头不说话，手在不停地拉扯着，我走近一看，原来是他的芸豆掰断了，但是由于芸豆两边连着芸豆筋，所以一直拉不开。他自言自语地说：“我的芸豆怎么两边有条线连在一起呢?”边说边不停地往旁边拉扯着，芸豆的筋一下子被扯下来了，发现了小秘密后，他又赶快把另一边的筋也用同样的方法扯掉了，他长出一口气，高兴地说：“我的芸豆也掰开了。”我用赞许的目光看着他，给他竖起了大拇指，并适时地让健健把遇到的问题以及解决问题的办法与其他幼儿分享。孩子们像发现新大陆似地喊起来：“我的也有条线。”“我的在这儿，我也能把它弄下来。”“把芸豆的线拽掉了，芸豆更干净了。”……孩子们试着用自己的方法扯掉芸豆的那条“线”。

（三）巧学习

怎样才能让孩子在生活中记住择芸豆的小窍门呢？为了吸引孩子们的注意力，我拿起一根芸豆，告诉孩子们他们发现的这条线叫芸豆的“筋”，我们做菜时要把它扯下来。看看老师是怎样扯下来的呢？我即兴编起了儿歌：“小芸豆，手中拿，先用指甲掐一头，连着撕下一条筋，接着又掐另一头，连着撕下另一筋，小小芸豆择好了。”孩子们睁大好奇的眼睛一眨不眨地盯着我，发出了“哇！”的惊叹声，于是迫不及待地动起手，学着我的样子，跟着我一起边说儿歌边仔细地择芸豆。

（四）新发现

灿灿发现了一根有虫洞的芸豆。她自言自语说：“芸豆为什么会有洞洞呢？”旁边的几个小朋友凑过来看，俊俊说：“我知道，是虫子咬的洞。”“里面真的有虫子吗？”掰开看一看，孩子们惊喜地发现了一个虫子在里面蠕动。“它是在里面吃芸豆吧？”“赶快把虫子弄出来，要不就把芸豆吃完了。”胆小的女生露出胆怯的眼神，看着虫子不敢动手。俊俊说：“看我的。”他看了一下四周，找来了一根小树枝，用树枝把小虫子给拨下来了。

新发现的虫子，我觉得对大班孩子来说是一次很好的学习机会，为了激发孩子们进一步探究学习，我适时地抛出了问题：“蔬菜里怎么会有虫子呢？”“怎样才能让蔬菜里没有虫子呢？”孩子们议论纷纷：“虫子饿了，找不到东西吃，就钻进蔬菜里了”“好像要给蔬菜打点药就没有虫子了”……此时我想，对于大班孩子来说，培养任务意识也是很重要的，于是提议：“今天的这两个问题，要回家和爸爸妈妈一起想办法找答案哦，明天我们再来一起分享答案好吗？”孩子们高兴地答应着，又继续手里的择芸豆工作。

几个孩子在点数。“老师我择了10根芸豆。”“我择了8根。”“老师，我择了

20 根。”“哇，你怎么择得这么多呀？”“我告诉你个好办法”……孩子们之间似乎总有说不完的话题。

（五）分工乐

芸豆择完了，不用老师招呼，孩子们又主动地分工合作，“我去扫地”“我拿铁簸箕”“我们男生力气大，我们抬这个大盆吧！”“这个小一点的盆我来拿”……择菜后的整理工作孩子们做得一丝不苟。走喽！伙伴们一起抬着择好的芸豆送给伙房的叔叔阿姨，待饭菜出锅，就可以美美地进餐了！

我们开展的帮厨活动是充分挖掘和利用生活中的教育资源，来满足幼儿的需要和兴趣，以促进幼儿各方面的发展。活动从最初的培养劳动兴趣出发，到学会择芸豆的技能，再到发现问题，探究解决办法，再到互学，最后到合作意识的培养，从最初的一个目标出发到多个目标的引出，使一个活动指向了多种目标、多个领域，而一个目标又是通过多种形式来完成的。

帮厨活动中孩子们表现出的自觉地分工收拾整理工作，是在潜移默化的生活活动中形成的良好习惯和技能。我们每周五的“劳动日”：孩子们擦桌子、擦椅子、清洗玩具、晒图书；每周一次的帮厨日：择大葱、择芸豆、包饺子、包粽子……这些源自于生活的活动，已经成为我们的隐形课程，无时无刻不影响着孩子们。

老师在帮厨活动中采用的是积极鼓励、坚持放手的方法。帮厨开始时，幼儿由于缺少方法、技能和经验，常常会达不到我们想要的结果。比如，有的孩子直接把芸豆掰开几段，这时教师没有制止，而是静静地观察，鼓励幼儿自己发现问题，放手让幼儿尝试找到解决问题的办法，并给予具体的指导和帮助，几经实践后，幼儿就会获得经验和技能，提高生活的能力。

本游戏中教师突出以下支持策略：

1.巧妙创编儿歌，熟练掌握技能。

择芸豆的过程，需要掌握一定的技能技巧。刚开始，老师放手让孩子们自己尝试操作，通过发现问题引导孩子去尝试解决问题，最后又以有趣的儿歌形式，在轻松的氛围中帮助幼儿掌握方法，提高择芸豆的技能技巧。

2.适时抛出问题，引发深度探究。

当孩子们在芸豆中发现了虫子，老师觉得由虫子引发的话题是一次很好的探究学习的机会，于是适时地抛出了问题，引发孩子的进一步探究和学习。“蔬菜里怎么会有虫子?”“怎样才能让蔬菜没有虫子?”孩子们带着问题任务回家和家长一起寻找答案。

3.组织谈话活动，梳理相关经验。

教师将幼儿在帮厨过程中的精彩瞬间拍照留存，幼儿帮厨结束后，针对帮厨过程中存在的问题或困难，及时组织幼儿开展谈话活动，通过播放 PPT，让幼儿发现其中的一些问题，大家一起分析原因，提出解决的办法，帮助幼儿梳理生活技能，提升生活经验。

4.通过午餐环节，强化帮厨成果。

中午午餐环节时，教师引导幼儿观察：“今天的午餐中，哪些是小朋友们动手帮忙的呀？吃着自己亲手择的菜，心里感觉怎样呢？是不是觉得饭菜更香了?”通过启发，让幼儿感受到自身的价值所在，激发幼儿的内在动力。

5.加强宣传，取得家园教育一致。

充分发挥班级家长 QQ 群、微信群的宣传作用，及时上传帮厨小任务、帮厨活动照片等，并附上文字说明，激发家长参与幼儿园的生活活动，体验参与生活活动的重要性，取得家园双方教育的一致性，强化幼儿参与帮厨劳动的快乐体验及帮厨的成就感。

游戏反思

(一)承载多种教育价值

通过帮厨活动培养幼儿的生活能力和生活习惯，促进幼儿在情感、态度、知识、能力、技能等方面的发展。

1.幼儿习得了劳动技能，萌发了爱劳动的积极情感。

2.让幼儿体验了劳动的艰辛，激发了尊重劳动者之情，身教重于言教，这比任何说教形式意义更加深刻有效。

3.锻炼了幼儿小肌肉动作，促进了手眼协调能力的发展。

4.引发了幼儿探究学习的兴趣点。

（二）帮助掌握生活技能

《3～6 岁儿童学习与发展指南》中指出："幼儿的学习是以直接经验为基础，在游戏和日常生活中进行的。"帮厨活动用游戏的方式教给幼儿技能方法，最容易收效。如创设的择芸豆儿歌："小芸豆，手中拿，先用指甲掐一头，连着撕下一条筋，接着又掐另一头，连着撕下另一筋，小小芸豆择好了。"让幼儿在愉快的游戏氛围中轻松掌握了择芸豆的方法。

（三）发挥同伴互学作用

帮厨活动为幼儿营造了互相帮助、合作学习的机会。教师在活动中，及时肯定幼儿的行为，引导完成好的幼儿做小老师，把自己成功的经验教给小组其他幼儿，在互相学习中，其他幼儿也慢慢成功了。

（四）在生活中快乐学习

帮厨活动，符合幼儿的心理特点，深受幼儿的喜欢。不仅使幼儿掌握了初步的劳动知识和技能，萌发了爱劳动和尊敬劳动者的情感，而且增强了动手能力，并把爱劳动、爱生活的情感延伸到家庭中，通过家园同步配合，巩固了幼儿的劳动意识和能力，并逐步内化为劳动习惯，促进了幼儿终身受益的生活能力的形成。

帮厨活动让幼儿真正参与到了活动中，为幼儿提供了亲身接触和观察认识各种动植物等食物的平台，还能引发幼儿探究学习的兴奋点和兴趣点，拓展幼儿的知识面。"从生活中来，回到生活中去。"教师没有直接把帮厨活动当成普通的集体活动课来上，而是把孩子带到生活中去，通过实际操作，掌握了生活的技能。虽然在活动中孩子们有的做法不是尽善尽美，但最重要的是过程而不是结果，在整个活动过程中，孩子们的参与度极高，每位幼儿都全身心地投入到活动中去。

生活就是一次重复接着一次重复，但每一次重复对幼儿的发展都具有新的意义。帮厨活动的成效显而易见，但我们知道，通过帮厨活动培养幼儿的生活技能及劳动能力是一种途径而不是最终目的。我们提高幼儿生活及劳动能力的目的是帮助幼儿养成良好的生活及劳动习惯，而习惯不是一朝一夕就能养成的，需要长期坚持，幼儿年龄小，易反复，再加上我国的独生子女家庭较多、家长溺爱孩子等特点，培养幼儿的生活能力及劳动习惯还需长期坚持。

（史翠娟）

第二章 取材物质材料类的游戏案例

本章中涉及的物质材料都是取材于幼儿熟悉的生活中的，如快递用的包装纸箱、衣服夹子、雪糕棒、麻绳、布条等这些安全环保的生活材料。选择的这些材料因其低结构、玩法多样、没有固定统一的答案，当教师同时加入如绳子、胶布、尺子等这些辅助材料时，易于引发幼儿积极主动投身于游戏中，易于引导幼儿在“自选、自主、自由”中探索和发现，通过多样化探究实现自主发展。

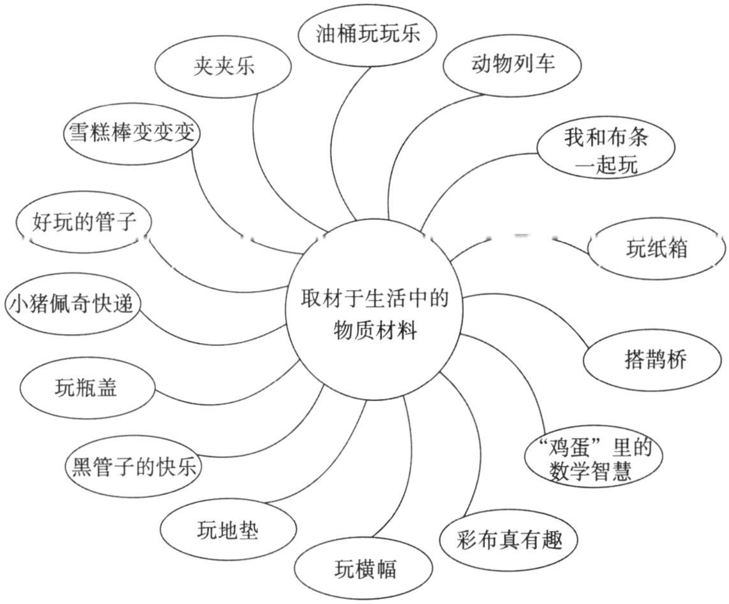

框架图

好玩的管子

随着户外游戏的深入开展，低结构材料的发掘和利用也成为对老师的一种挑战。我们幼儿园收集了一批粗细不同的管子放在建构区，孩子们对管子产生了浓厚的兴趣，他们一会儿用管子当传话筒打电话，一会儿用管子当望远镜观察远方，一会儿又用细管子玩起了“高尔夫”。在孩子们眼中，管子因其可以穿透等特征而蕴藏着许多创意无限的玩法。

于是，我们进一步思考：如果多提供一些管子，孩子们会怎么玩？他们能将管子与哪些材料组合起来，利用已有的经验来玩出更多的花样？如何能让孩子更积极、更有兴趣、更创新……基于此，最后我们决定以管子为主体材料，提供长管子、短管子、粗管子、细管子、双通管、三通管等，同时根据对幼儿已有经验及发展需求的初步判断，提供球、小珠子、薯片筒等多种辅助材料。

通过细致的观察和一系列的思考，对幼儿当前的游戏生成取向、幼儿的兴趣需要等进行了初步的判断，在游戏开始之初为幼儿提供了一个符合幼儿当前需要的、感兴趣的低结构“材料群”——管子。孩子们对管子百玩不厌，通过观察发现，他们在玩管子活动中，最为明显的是同伴间的相互帮助与自发性合作随处可见，这不能不说是材料挖掘的一个重大突破。同时，我们也发现，当幼儿已经熟悉了材料的性能之后，会出现重复性摆弄。那么，如何使幼儿的“摆弄”不断向前推进呢？接下来，通过“玩管子”游戏的推进，来看看幼儿与低结构材料相互作用的几个发展阶段和表现特点。

我们在建构区投放的材料有长管子、短管子、粗管子、细管子、双通管、直通管、弯管、三通管等。辅助材料有小珠子、球、薯片筒。

小班孩子的玩管子游戏，首先从体能开始，利用废旧的爬爬垫做成管子，提供给孩子，并增加了辅助材料球，通过投球、袋鼠跳以及钻管子等活动，来锻炼他们动作的灵敏性和手眼协调能力以及与同伴的合作能力。

游戏实录(一)

在中班投放了大量粗细不一的 PVC 管以及双通管、直通管、弯管、三通管等，来看看孩子们是怎样玩的：

1.接管子

在一次活动中，赫赫把一根细的管子套到了一根很粗的管子里，在一旁好奇的梓源也跑了过来，想探个究竟。

梓源："这是什么啊？"

赫赫："这是灭火器。"

师："怎么灭火的呀？"

赫赫："这个样子。"(只见他抽动了小管了)

师："咦！这根水管为何能跑到那根水管里啊？"

赫赫："因为小水管小啊！当然可以在大水管里了！"

这说明小管子套到大管子里，孩子已经有了一定的生活经验。

从刚刚的对话中，孩子们似乎明白了点什么，把所有能用的管了都拿来了，开始研究起来，最后，把所有的管子都连接到了一起，只有特别大的管子没能接上，而且有时孩子们之间还会发生些小矛盾，"抢"别人手上的管子呢！

师："你在做什么？"

幼："我在接长水管。"

师："你是怎么接的？"

幼："我是把它们都连上。"(演示了一下)

师："哦！我也来试试！"

师：(拿着两根粗细悬殊的管子)"为何这两根水管接不上呀？"

幼："太粗了！"

师："哪根太粗了？"

师：(找来了一根很细的)"这根行吗？"

幼："不行！这根太细了！"(说完，拿了一根不粗不细的管子)

师："你找的这根能接上去吗？为什么这根能连上？"

幼："因为刚好！"

师："哦！原来是这样啊！只有找到合适的管子才能套上啊！"

孩子的想象力丰富，创造能力也很强，在玩的过程中，孩子的闪光点时不时地就会闪现出来，只要我们细心观察，很容易就会捕捉到精彩的瞬间。孩子们运用单一材料，探索出了很多不同玩法，也有了很多的发现。

2.尝试着让珠子穿过自己设计的各种造型的管子

今天观察到一个有趣的现象：浩浩一开始把两个短管拼接成了一根长管，然后他把珠子往管口一放，珠子就骨碌滚了出来，孩子兴奋地直叫："老师快看，珠子滚出来了！"接着他又把直管改装成弯管，尝试着让珠子穿过弯管。可是，珠子像是在跟他捉迷藏，居然没有滚出弯管——卡住了。浩浩一脸疑惑地自言自语道："咦！珠子怎么滚不出来？"他把弯管拆了重新组装，再次进行尝试，结果还是失败了。看到他接连尝试几次都没有成功，我正准备要介入，这时坐在旁边的冠名站起来说："我来帮你看看。"于是两个小朋友开始研究为什么珠子滚不出来。"洞洞没有堵住呀！"冠名说。"可是珠子就是滚不出来呀！"浩浩一边说一边晃动了一下管子，这时珠子居然滚出来了。"老师，珠子出来了！珠子出来了！"浩浩激动地又蹦又跳。"你能告诉老师这次珠子为什么会滚出来吗？""刚才我用手摇动了一下管子，珠子就掉出来了。""原来珠子是被卡住了。"一旁的冠名也激动地回答。

从游戏中我们可以发现，孩子们的探究能力是无限的。他们可以通过自己不断地尝试、操作来发现问题、解决问题。而我们则要认识到孩子们的力量，大胆地放开手，充当孩子们的引导者与合作者，引导他们主动探索科学活动的过程。另一方面，中班的幼儿开始有了一起合作的意识，能主动互相帮助，看到浩浩遇到困难，冠名立即上前帮忙。游戏中孩子们还能自由组合、积极讨论解决问题。

3.管子转个弯

根据对孩子现有经验的分析和未来游戏需求的判断，我们决定添加软管子。在发现新材料后，孩子们非常兴奋，三三两两地开始摆弄粗细不同的软管子。很快，咪咪和园园等几名幼儿发现了软管子“软、易弯”等特性。

园园：“快看，管子可以转个弯啦！”

咪咪：“我们来造个水渠，让水流到很远的地方去吧！”

孩子们在转弯处接上了软管子，“水渠”能转弯了，水真的流到了很远的地方。

多多：“我们家的自来水就是这样流过来的吧！”

在这一过程中，教师并未过多地强调软管子的特性，而是让幼儿自主操作与发现，培养坚持、合作等品质，提高建构水平，丰富“水会流动”等经验。

游戏实录(二)

大班孩子经历一个阶段的操作探索，对材料的特性有了一定的了解，接插技能相对比较熟练，已经能控制管子的转向，随心所欲地摆弄，想拐弯就拐弯、想向哪伸展就向哪伸展，管子弯来绕去，规模越来越大。

1.城市里的“管道”四通八达

“管子粗细一样怎么接？”

师：“发现了一根连接的管子，连接的方法有些特别！这是谁连接的呀？”

（让幼儿重新演示一遍）

师：“这两根管子的粗细怎么样？”

幼：“一样粗的。”

师：“一样粗的管子，能接上吗？”

幼：“不能，但是我有一个好办法！”

师：“你是怎么连接的？”

幼：“用这根管子。”

师：“为什么要用这根管子？”

幼：“因为它更粗一点点。”

师：“原来两根同样粗的管子也有办法把它们连接起来。借助于一根比它们稍粗的管子,顺利地将它们连接起来。”

2.材料改进——有了磁铁,接口不再是问题

随着管子规模增大,新问题也伴随出现,幼儿腾不出手来扶着让其站立。于是他们想方设法,或者让同伴帮忙扶着,或搬椅子来顶住。幼儿用在解决这些问题上面的时间多了,有时游戏也会放弃,于是我们增加了辅助材料吸铁石,形成管子“墙”游戏。在这个活动中,投放了大量的薯片筒,游戏不再是单纯的“操作”性,而是“探索”性。让孩子们带着问题去探索,并且有一个隐藏的目标,就是培养幼儿的耐心。

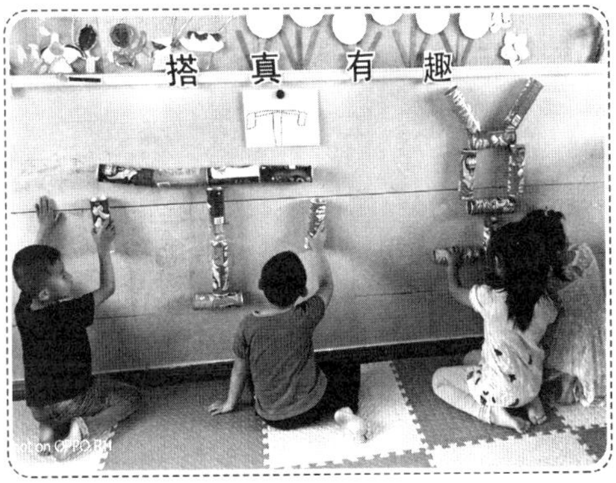

幼:“我们把薯片筒放到墙上。”

师:“做什么呢?”

幼:“变变变,变成一面管子墙。”

幼:“这样不用扶着也能立起来。”

幼:“可以继续让小球从上面滚下来。”

孩子们开始操作,用薯片筒在墙上搭建隧道,搭建好后又尝试让小球从上面滚下来。

幼 1:“我先来,我先来。”

幼 2:“球又掉了。”

幼 3:“空隙太大了,所以掉出来。”

幼 4:“把两个薯片筒靠在一起。”

幼 5:“一个挨着一个,球接住了。”

由于两个薯片筒之间空隙大,小球就从接头的地方滚出来,孩子们发现了问题,不断地调整,让薯片筒一个接一个,这样小球就不会从中间滚下来,接口不再是问题了。

孩子们又继续探索,把薯片筒按照“十字形”搭建,“十字”中间留有空隙,这样一来,从左、右、上方把小球放进去,小球就可以从下方滚出来,也可利用惯性的作用,从左右滚出来。

3.学做计划,玩法更多

基于之前的探索,幼儿对"管子墙"有了一定的认识后,又开始引导他们走向有目的、有计划的建构行动,孩子们一起设计、一起建构。如有的提出搭建平衡秤、房子、机器人等,孩子们自由组合后先绘制图形,再依据图形进行建构。至此,之前的平面建构开始走向立体建构。

游戏反思

低结构材料具有开放性的特点,深受幼儿喜爱。但是,由于幼儿的经验不同,他们对低结构材料的操作也不同。很多时候,其创想和教师事先的猜测难以吻合,由此,游戏推进的路线就难以确定。可以看出,"摸索阶段"是幼儿对材料特性了解的阶段,也是学习过程中必然要经历的,它是为"高质量地玩"做准备的,是实现"高质量地玩"的必经之路。

当幼儿对低结构材料的操作相对熟练之后,他们开始出现了初具雏形的创作。正是这些初具雏形的创作,为我们提供了明确的游戏推进思路,于是我们的活动计划也由此渐渐清晰,在组织幼儿进行"管子游戏"时,能够追随幼儿的兴趣,基于幼儿的游戏经验和需求调整材料,使幼儿在与价值隐藏、功能多元的材料的互动中生发出多种探索行为,玩出快乐,玩出智慧。老师没有强加给孩子一个方向,孩子们是如此的智慧,可以自己去发现秘密。我们的低结构活动,玩法自由选择、过程是探索的、结果是发现的,在玩与学之间架构起桥梁,沟通了快乐和意义。

(胡桂叶)

雪糕棒变变变

走进栖霞市机关幼儿园的大门,就会看到贴着院墙的低矮之处,摆放着一些小学里拆掉不用的大黑板,这些比孩子个头高的黑板,孩子们可以用来怎么玩呢?户外活动时,孩子们自己拿着彩色粉笔在黑板上涂涂画画,想象力得到了充分的发挥,这可是在课堂上做不到的。可是对于小班幼儿来说,小肌肉尚未发育完善,那怎样让小班的宝宝也能将黑板很好地利用起来呢?班上材料区里的一筐筐雪糕棒给了我们很大的启发,孩子们平时除了用它们做手工,还特别爱拿着它们在桌子上拼拼摆摆，我们何不让幼儿在黑板上进行更立体、更直观的操作呢？于是小班老师们把雪糕棒一面贴上磁条，这样雪糕棒就能贴到黑板上了，看看小班孩子们是怎么玩起来的吧。

游戏实录(一)

这几天，孩子们对各种各样的桥有很大的兴趣。户外游戏时间，孩子们来到黑板处，雪糕棒拼摆桥开始了，起初孩子们并没有什么思路，正当大家都在探索、思考的时候，琪琪拿起黑色棋子说："瞧我的！"很快她用黑色的棋子摆出了一个拱形桥，接着她的两个好朋友跑过来说："我们用雪糕棒来铺路吧！"不一会儿，在三人的合作下拼摆出一座拱形桥。再看看洋洋小朋友，他拼的桥又是另外一个样，原来他有自己的思路和想法，一直独自在搭建拼摆，老师走过去询问他想怎么拼摆，他说："我想用雪糕棍当桥面、桥墩，用黑白棋子当弯弯曲曲的小路。"最后在他自己的努力下，成功摆出一座独特的桥。这时候，一边的月月说："快看，这是我拼的小路！"弯弯长长的小路引来了好多孩子的关注，他们也都纷纷加入拼搭的队伍中，铺路的铺路，搭桥的搭桥，作品完成了，孩子们高兴地拉着老师、小朋友的手，介绍自己的作品。

游戏反思

雪糕棒贴近幼儿的生活，可以充分利用到幼儿园游戏中，为孩子们的游戏增加更多的乐趣，现在雪糕棒和大黑板完美结合，从室内延伸到了室外。这类游戏促进幼儿不断探索、玩出新花样，还能发展幼儿的动手能力、想象力和创造力，这其中，一物多玩多用的巧妙让老师们深有体会，一个有心的老师，不仅要收集材料，还要让材料的运用恰到好处。

游戏实录(二)

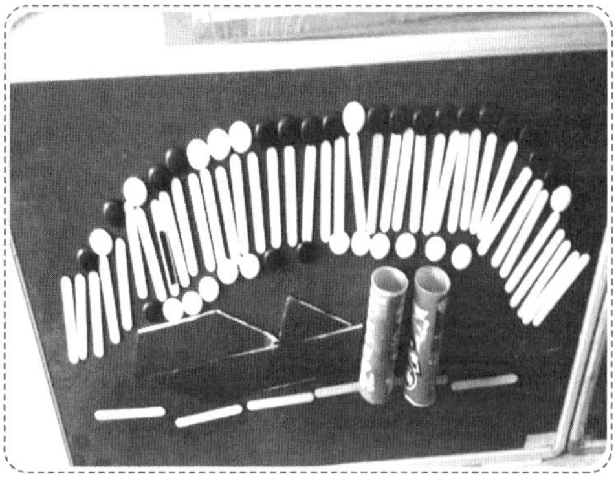

英英和泽仪在桌上摆弄雪糕棒,许多小朋友都过来围观,叽叽喳喳,好不热闹。孩子们喊起来:“哇,我们拿来的雪糕棒在这里呀!”乐乐说:“雪糕棒上的画真漂亮,老师,是你画的吗?”“对呀。”“可是你画的是什么呀?我怎么看不出来呢?”老师笑着说:“这就需要你们自己动动小脑筋喽!”田田说:“这么多雪糕棒怎么把一样的分出来呢?”老师提示说:“看看雪糕棒的顶端有什么?”孩子们凑上来看了看,田田大声说:“上面画的是圆形、三角形、波浪线、正方形。”“你们的小眼睛真亮,这样就可以分类了,对吗?”“对。”不一会儿孩子们就把雪糕棒分成四份,接下来老师拿出操作卡和骰子,介绍了游戏规则和玩法,孩子们迫不及待地开始了对决。他们拼上一根雪糕棒就会猜猜是什么动物,或者是动物身体的哪个部位。有时还会让自己的好朋友来猜一猜,一个独特的雪糕棒拼图,变成了孩子们既可以猜谜又可以比速度的趣味游戏活动了。

游戏反思

雪糕棒拼图游戏能够锻炼幼儿的推理思维,增进手眼协调力并培养幼儿的耐心与专注力。儿童的智能在他们的手指尖上。手和脑之间有着千丝万缕的联系,训练动手就是训练大脑,幼儿的手部动作越熟练越灵活,他就越聪明,创造力就越强,所以,培养幼儿的动手操作能力是极其必要的。动手操作是幼儿学习、发展的重要途径，因此，在实践中我们要根据幼儿发展水平的不同，投放不同水平的可操作材料，培养幼儿的动手能力，让孩子有足够的技能、足够的智慧去探索世界。

（苏美瑜）

夹夹乐

幼儿园在网上新购了一批衣服夹子提供给各班，作为生活用品的夹子，被赋予游戏化精神、赋予教育的含义时，就变成了孩子们手中百变的游戏材料啦。一筐筐色彩鲜艳、颜色齐全、大小一样、数量充足的夹子，极易支持幼儿演绎出各种不同的玩法。孩子们用夹子摆弄出各种立体造型，用夹子按颜色不同进行有规律排序的练习，做夹子火车，玩得不亦乐乎。这还不够，孩子们纷纷从家里带来不一样的夹子。

游戏实录

老师在活动室的一角，打造了一个夹子的博物馆，几乎每天都有孩子带不同的夹子来，他们相互比一比，相互看一看，为自己有与别人不一样的夹子而高兴自豪。

诺诺说：“你看，我的是小熊的夹子。”

田田说：“我的夹子是木头做的，萌萌的夹子是塑料做的。”

伟伟说：“我带来的夹子是红颜色的，很重的，萱萱带的夹子很轻。”

还有的跑过来问我：“老师，我用很大力气了，可是夹子还是不张开嘴巴。”

这种共同收集、共同探索的活动，使幼儿有了许多新的发现。在交流、收集的过程中孩子们很自然地对夹子的颜色、大小、形状、材料、轻重等都有了初步的认识，这些知识都是比较浅显易懂的，但是随着活动的进一步开展，孩子们又生成了许多深层次的很有价值的游戏。

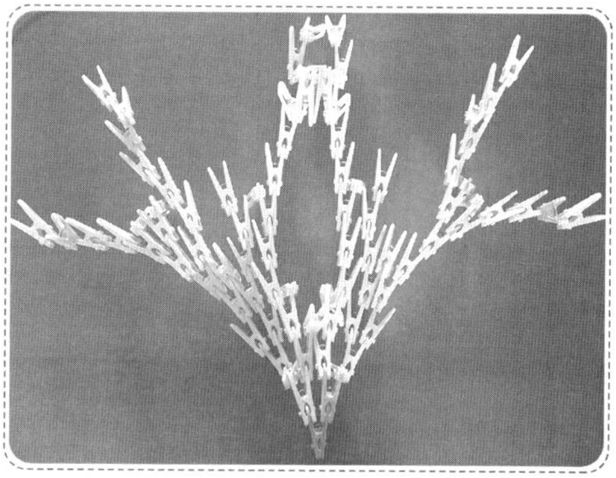

孩子们都知道夹子是用来夹东西的，于是我们启发和引导幼儿发现夹子在其他用途上的潜能，因此我们还分别在美工区、益智区、建构区都投放了夹子，让幼儿尝试夹子的不同玩法，从而发展了他们的创造力。

一一来到了建构区，他一下拿了一大把的夹子，开始用夹子拼起了图案，先是拼了一个楼梯，后来又拼了一棵大树，玩得特别的高兴。夹子上的卡通图案和独特的造型也为幼儿所喜爱，还是锻炼他们口语能力的好教具。看，嘉诚拿起一个夹子，张开大嘴巴在学着老虎的叫声，默默也一起玩，一个说：“老虎跑来了，啊呜！”一个说：“狮子也来了，快跑啊！”果果小拿着小鸟的夹子，对欣欣说：“小兔姐姐，你好，我们一起玩吧。”

美工区的小朋友们都在忙着做小花，花做好了，粘到纸上，琳琳不讲卫生，没把手上的胶水擦干净，就急着去玩夹子，一不小心把花粘到了夹子上，“哈哈，花真漂亮”，她高兴得拿着夹子冲我大叫。“呀，夹子做的花真漂亮，还会站立呢！”

于是，孩子们找来各种自己喜欢的图片，都粘贴在夹子上，一个个漂亮的夹子教具出现在大家的面前，孩子们兴致勃勃地讲述夹子的故事。还有的小朋友在盘子的周围夹上夹子，拼出一朵朵花，一只只小螃蟹……许多活灵活现的作品在孩子们手中诞生了。

孩子们的制作是那么的别出心裁，创造的火花在孩子们的身上闪烁着光芒，孩子们的想象力真的是我们成人所无法比拟的，在老师的支持下，他们的想象力正在发芽长大。老师们有这样一个共识：凡是幼儿能够做到的，应当让他们自己去做；凡是幼儿能够想到的，应当让他们自己去想。

游戏反思

夹夹乐游戏变成了一个持续不止的活动，在这个活动过程中，幼儿在不断地发现问题、生成问题和解决问题，而教师则共同参与，既是像他们一样的学习者，又是活动的引导者，既是他们的老师，又是他们的玩伴，起到了辅助、引导的作用。教师通过不断适时地调整材料、倾听幼儿心声、变化空间布置、助推幼儿游戏更加深入，使幼儿得到更多的发展。

（王丽丽）

油桶玩玩乐

因安吉游戏而火遍中国大地的油桶，在我们幼儿园也处处可见。原本黑乎乎的外壳，在孩子们的神笔之下穿上了绚丽的彩衣；笨重的身体，在孩子们的游戏中轻盈地滚动了起来；“它”成了孩子们心中的好朋友，而有了小天使们的陪伴，油桶也发出了快乐的笑声。

开始投放大油桶时，我们原本的想法是幼儿可以利用它来进行跑、跳、攀爬等动作技能的练习，希望能借助油桶促进幼儿身体的平衡性、灵活性和协调性的发展。但在实际玩的过程中，幼儿却给了我们无限的惊喜，他们在游戏中自发地创造，自由地表达，并在教师有效的指导下，逐渐探索出了“推油桶”“滚油桶”“攀跳油桶”“滚桶对抗赛”“油桶组合”等多种五花八门的新玩法，共生发了竞赛类游戏、情境类游戏、探索类游戏等十多种户外游戏。

游戏实录

户外活动开始时，小朋友们陆续来到游戏场上，看到了穿上了新衣的游戏材料——彩色油桶，孩子们先是欢呼了一阵，接着开始各自跃跃欲试地玩开了，有的直接推着油桶在操场上滚来滚去；有的把油桶挪到旁边的土坡上从上往下滚；还有几个把油桶竖起来，排好了当梅花桩在上面排队走。而辰辰、一涵等人则将油桶滚到了人少的地方，一开始是骑在油桶上，但油桶只能短距离地来回滚动，并没有多大的乐趣，玩了一会儿，他们试着油桶上站起来玩，可是油桶稍微往前一滚，人就掉了下来，他俩就这样上了掉，掉了再上。“要是能站在油桶上踩着油桶走起来，又不掉下来那该多好呀。”可能就是一直有这样的想法，小雪试了一次又一次，虽然每次都失败了，但她也渐渐掌握了一些小窍门，那就是需要先稳稳地站在油桶上，把腰挺直，然后深吸一口气，将两手放平保持平衡，双眼看着前方，调整好这些姿势之后，再一点一点地将油桶移动起来，一步，两步……小雪终于能踩着油桶走动起来了。

原来还可以这么玩呀！周边的孩子们就像是发现了新大陆一般，都纷纷跑过来排队也想效仿这种玩法，他们个个跃跃欲试。大班的男孩和女孩个子都较高，轻松就能站上去，但中班的孩子比较矮，试了好几次都无法成功。中班的瑜瑜和聪聪眼巴巴地看着哥哥姐姐们在油桶上如流水一般行走。爬不上去该怎么办呢？两个孩子一脸的着急，瑜瑜对聪聪说：我们去搬个梯子爬吧！没多久她俩真的搬来了梯子，她们把梯子往油桶上一架，顺着梯子一会儿就上去了，顺利地解决了这个问题。

看着其他小朋友都在开心地玩耍，琪琪跑过来有点不开心地跟老师说：“老师，我也想玩，但是我不敢，我怕摔下来。”老师笑笑安慰她说：“没关系的，不要怕，琪琪，你可以找你的好朋友过来一起玩呀。”听老师说完，她就去找彤彤了。琪琪和彤彤来到油桶旁，琪琪对彤彤说：“你扶着我，我先上去玩一会儿，然后我再换你，好不好？”彤彤答应了。彤彤扶着琪

琪，琪琪往油桶上爬，尝试了几次，琪琪都没能站在油桶上。又过了一会儿，彤彤跑到旁边的小朋友那边去了，说了几句话，喊来了好几名小朋友，喊来的小朋友都帮忙扶住油桶，彤彤依旧扶着琪琪的胳膊，在失败了几次之后，琪琪终于在小朋友们的帮助下成功地站在了油桶上面。经过几次反复地练习，琪琪自己也能在油桶上小走几步了。

接下来的户外活动时间里，只要活动开始音乐一响起，就会有一大波的孩子涌到油桶这里，经过几天的探索，孩子们玩得也越来越顺利了。有两个男孩想把油桶之间的距离分开一些，开始先是用推的方式，尝试了几下都没有成功，因为油桶实在是太重了，成人都很难搬得动呢。两个孩子商量了一会儿，他们一个在油桶前面，一个在油桶的后面，前面的孩子往下拉，后面的孩子往前推，把油桶推倒在地上，横着的油桶推起来可就方便多了！两个孩子发现原来油桶还可以这样滚起来。两个人开心地滚了起来，你滚过来，我滚过去！在孩子们积极主动探索的过程中，油桶又多了一个新的玩法！孩子们时而将油桶变成小小解放军们匍匐前进的战壕，时而变成穿越的森林，时而变成杂技演员脚下的滚筒，瞧，他们有的站在油桶上，伸开手臂，小脚滚动着油桶前行，还有两个对着滚油桶的，当油桶相遇时，竟能巧妙地避让对方，伴随着孩子们一声声“耶，又成功了”的欢呼声，各自继续向前，游戏在快乐地进行着。

现在，玩油桶成为孩子们户外的保留游戏了：推油桶的游戏对如何控制油桶的走向问题提出了挑战，孩子们总结的规律是： 人推时，需要站在桶的中间位置，双手交替推动油桶向前滚动；两人推桶时，需要步伐一致，朝一个方向使劲，控制好力度，这样油桶才不容易歪。跨跳油桶的游戏要求孩子们把几个油桶之间挪开一定的距离，在油桶上跨跳，难度提高，孩子们的兴趣也提高了，胆大的幼儿三步两步就跨过几个油桶，胆子小的蹲在油桶上，这时候老师会鼓励他们站起来，把腿迈开，手轻轻扶着他们，孩子轻而易举地跨过去了。滚桶对抗赛的游戏是两个油桶分别放在线的两边，每个油桶跟前站 2～4 个小朋友，比赛开始，将油桶推向对方的方向，哪个油桶先过了线，哪队胜利，滚油桶的游戏则要求幼儿站在大油桶上往前走或往后退，其间要试着控制速度，保持平衡，延长行走的距离。该游戏能锻炼幼儿身体的平衡力，增进胆量。油桶、梯子、轮胎组合的游戏是孩子们最近发明的，他们将 3 个厚实的地垫叠在一起，高度刚好可以爬上油桶，大家爬上油桶，开心地在油桶上走来走去。再拖来几个竹梯，把竹梯搁在油桶上，这回更有挑战性了，王洋首当其冲爬上竹梯，梯子有点摇晃，王洋害怕了，退了下来，我看他在一边站着，好像在思考，过了一会儿，他动手去推油桶，想把油桶靠墙壁放，油桶对大班孩子来说太重了，几个孩子围过来帮忙，把油桶挪到靠墙壁的位置，把竹梯架好，有个孩子提出可以放两个轮胎，这样梯子就不摇晃了，于是，油桶、梯子、轮胎就组合成了一个大型的游戏场地，高高矮矮，上上下下，让孩子们玩得不亦乐乎。

游戏反思

（一）幼儿能够积极探索材料的多种玩法，一物多玩

思维比较活跃的孩子会比较大胆地去尝试、探索，他们都很有自己的想法，敢于去尝试，挑战、创新不同的玩法。材料从单个玩到组合玩，孩子们的想法层出不穷，越来越丰富，越来越具有趣味性和新颖性。

（二）“一物多玩”培养了幼儿之间的团队合作精神

孩子们利用大油桶，探索了爬油桶、走油桶、跨跳油桶、滚油桶等玩法，在遇到问题时幼儿会与同伴相互沟通、协商、合作，比如一个幼儿没有办法让油桶滚起来，需要两三个幼儿合作才能解决的问题，他们就会去找同伴帮忙，分工协商，共同来解决问题。在这个过程中，提高了幼儿的交往能力及解决问题的能力，同时也让幼儿感受到团结协作的重要性。

（三）幼儿能够积极面对困难，勇于战胜自己

对幼儿来说，遇到挑战都要付出努力，克服很多的困难，一些胆小的孩子第一次尝试时，首先要克服自己内心的这种胆怯和顾虑，班级里的一些勇于尝试

的孩子就成了他们的小榜样，一次不行那就再来一次，你害怕时我来帮忙和保护你，孩子们积极面对困难、互帮互助的态度值得肯定。他们也懂得了“成功需要努力”的道理。

（四）在户外活动区投放适量、适宜的、结构简单的材料，满足幼儿不同游戏的需要

材料在一定程度上决定了幼儿的游戏发展水平，大油桶这种结构简单、操作性强、可变性大、功能多元的材料，最大限度地满足了幼儿自主游戏的愿望。孩子们按照自己的想法任意去操作、改变、组合材料，在玩的过程中能够自发生成多种玩法，从而培养思维的灵活性和创造性，幼儿在与结构简单的材料的互动中也变得自信，交往协商能力也有了很大的提高，解决问题的能力也自然而然地增强了。下一步可以考虑在户外活动区投放一些体积比较大的、不易损坏的简单结构材料，让幼儿更加自主地生成丰富多样的玩法。

（五）在户外活动中，教师做到有效观察、适时介入

当孩子们遇到困难时，教师一定不要急于帮忙，不要轻易地去打扰孩子的学习过程，可以先观察一下他们是否能够自己解决问题，给孩子们提供一个学习探索的机会，让他们自己去发现、观察问题并解决问题，留足够的时间让孩子自我思考，他们一定会找到适合自己的解决问题的方案。当孩子们体会到成功的时候，老师要及时给予相应的肯定和支持，让孩子们获得自信，增强游戏的兴趣。

在利用废旧的大油桶进行的“一物多玩”的游戏中，幼儿完成了跑、跳、推、爬、滚和攀登等基本的动作，身体的平衡性、协调性、灵活性都得到发展。活动过程中，幼儿能够勇敢地跑、跳、攀爬和跳跃等，不仅很好地锻炼了幼儿的身体素质，而且培养了幼儿勇敢、自信、不怕困难的心理品质。孩子们从看到大油桶时的无从下手到被油桶带着走，到渐渐能自由地控制油桶的方向和速度；从一个人玩到两个、三个人玩，甚至更多的人一起玩，这一幕只能在幼儿的自主游戏情境中才能够看到。孩子们给我们创造的惊喜不断，而我们也会耐心地等待孩子们的进步。

（王丽丽）

动物列车

建构游戏一直是孩子们喜欢的活动之一，他们可以自由选择进行搭建活动，比如搭建高楼、机器人、各种汽车的建构等一系列动手操作活动，探索过程中，孩子们根据自己已有的生活经验积累，大胆地进行想象，进行各种富有创意的造型搭建活动。孩子们自由选择合作同伴，按自己的意愿合作建构，在学会平铺、垒高、围合、连接等基本的搭建技能后，会把出去游玩时所看见的建筑物照片、生活情景等和幼儿园老师、同伴一起分享，大家一起讨论，再搭建各种建筑物的形状与结构。

门厅是孩子们来园离园的必经通道，虽然场地不大，但是如果能够充分利用这个半封闭的实用空间，发挥功能性的示范与暗示作用，对孩子们来说是一个很好的游戏场地，但是由于门厅里幼儿来来往往，流动性较大，使建构活动内容缺乏稳定性与完整性，持续下去比较难，于是主题搭建游戏——动物列车诞生了。以往的建构游戏活动，幼儿总是在重复建构，他们建了拆，拆了建，建构内容深入得不多，建构技能和游戏发展较缓慢，而门厅的建构活动改变以往的时间安排，从每周一次变为一周内同一时间段连续建构，并成立固定的“小小建构队”(即各班按时间轮流搭建)。这就意味着，在一段时间内，同一个班级针对“动物列车”搭建内容可以进行深入拓展和深化，并且在已经建好的作品上进行完善和改进，避免往返重复，从而发展不同年龄段幼儿的能力。

游戏实录

(一)中班建构区合作游戏——搭火车

中班孩子尤其喜欢搭建一些交通工具，在建构游戏中幼儿能自由选择材料，有初步的合作意识，但是不会自己协商分工，往往出现“强强联手，弱弱相对”的现象，因此设计此游戏，要指导能力较差的幼儿用排列连接的方法搭建火车，鼓励能力较强的幼儿用对称的方法搭建火车。合理的分工，会激发幼儿的合作探究行为，有利于形成良好的合作学习氛围。在细化分工后，“弱弱搭配组”的幼儿由刚刚开始的“群龙无首”到后来的“矮个里面出高个”，使本来能力弱的幼儿在环境的影响下，尝试分配角色、分工及协调矛盾，虽然建构的造型还不够美观、丰富，但是不管从建构水平还是从合作水平来说，都有了很大的提高。“强强联手组”幼儿间的分工合作更为深入、细化，通过他们小组内的讨论及设计，使整列火车更立体、丰富。

创设情境：展示幼儿自己设计的“我眼中的火车”图片，并请幼儿讲解，丰富活动现场。如幼儿从搭一节车厢开始，再到连续搭建几节车厢，并铺上道路，然后再把小动物请到车厢里，以及上下列车的台阶联结等，逐步形成了“动物列车”这一主题。孩子们还会围绕这个主题不时地丰富情节，展开游戏。

“动物列车”建构活动马上就要竣工了，可是东辰说要在火车头上搭建个五角星，让人一看就是解放军的火车，这个建议得到了大家的一致认同。孩子们立即动手，反反复复，有的用积木摆，有的用积塑插，就是搭建不出来，这下可把孩子们难住了，这时老师便介入了，说：“想想看，谁可以帮帮你们呀？”有的孩子马上领悟了，立马跑到班上请美工区的小朋友帮忙制作五角星。老师的一句话，既引导幼儿解决了问题，又增强了区域间的合作意识。

通过此案例可以看出：教师的指导要适度，让幼儿利用已有知识经验来解决困难，可以采用启发引导方式；对幼儿已有的知识经验解决不了的问题，可采取直接帮助的办法。

（二）大班车厢花园：指导幼儿学会使用辅助材料装饰建筑物

荷荷用实心积木专心地搭好了几列车厢，车厢搭建得很高，用了很多积木，造型也很别致，老师鼓励他："荷荷，这车厢搭得太好了，一会儿我请小朋友来参观参观，你还可以请好朋友来帮你想想办法，让火车车厢更漂亮，好吗？"荷荷听了点点头，忙喊正在搭建火车轨道的心心来，帮忙出主意，心心建议在车厢顶上插花，修成车厢花园会更漂亮。荷荷看了看他搭建的清一色车厢，想了想，感觉心心说得对，就急忙到材料筐找来花、泡沫板，把花一枝一枝地插上，插了四五枝花时，他好像没有兴趣了，便叫道："心心你来插花吧，我帮你修路。"心心答道："不，我在修路，你自己插吧！"荷荷听后犹豫不决，似乎想放弃插花，我忙走过去对他说："哟，造型优美的车厢，让鲜艳的花儿装饰一下会更美，你还想怎样装饰车厢？我来和你一起装饰吧！"一会儿我俩装饰的车厢引来了小朋友的赞叹。

评价游戏的时候，我重点评价了荷荷会用泡沫板、塑料花等废旧材料来装饰他搭建的车厢，对荷荷的坚持行为表扬了一番。

通过此案例可以看出：男孩子喜欢用积木搭建大型建筑物，对装饰、美化建筑物兴趣不浓，认为这是女孩子做的事，老师的介入间接地提高了他对装饰的兴趣，并且学会了使用辅助材料来装饰建筑物，培养了幼儿的坚持性，让幼儿体验"成功"，感受到极大的成就感，从而推动他在游戏活动中得到发展。

（三）大班隧道、高架桥：鼓励幼儿与同伴合作，在合作"碰撞"中激发创造力

一次搭建游戏中，队长冠名安排思亨修隧道，思亨修得很认真，一会儿嘉嘉、浩浩也争着想修，冠名无奈来求助老师帮忙，老师看了看他俩期盼的眼神及搭建现场，不忍心拒绝，便让三人一起修建隧道。分配好后，去看别的孩子，再回来时，发现三个人正搬着一块一块的拱形大积木，见到此情况，老师好奇地问："你们在干什么？"嘉嘉抢着回答："妈妈带我出去旅游时看到隧道好长好长，

思亨修得太短了，我们正在加长呢！”一会儿宏伟的隧道竣工了，师生们一起欢呼起来。

在搭建过程中，昊瑞与芸赫自发地进行合作，昊瑞提出了搭建高架桥让“动物列车”通过的想法，于是两人一起修建了与众不同的高架桥。

此案例让孩子们明白“三个臭皮匠顶个诸葛亮”的道理，老师的适时点拨能让幼儿的智慧迸发出创新火花。教师通过重点观察来引导培养幼儿的想象力、创造力、合作能力与坚持的品质，并且围绕评价结构游戏，使更多的幼儿得到认可鼓励，今后我们将继续拓宽幼儿视野，完善建构游戏，让孩子的能力得到更好的发展。

游戏反思

（一）材料的选择应服务于目标

建构游戏可以分为自由建构、模拟建构和主题建构，而“动物列车”属于主题建构，材料投放时，教师应该有目的、有计划、有针对性地投放，在观察、指导过程中，要随时变更和调整建构游戏材料，适时地指导幼儿。我们的活动目的就是让幼儿学会搭建火车。为了让不同发展水平的幼儿都能掌握火车的建构技巧，分别提供了分解步骤图片、实物模型等，引导幼儿通过观察、比较等方式，来了解火车的基本结构，从而掌握一定的建构技能。

（二）重视建构技能的学习

在指导建构游戏时，很多教师不重视幼儿建构技能的学习，认为只要他们能够运用游戏材料建构就可以了，会不会平铺、架空、围合等技能无所谓。任何建构作品都是由基本的建构技能组合而成的，因此掌握基本的建构技能，是幼儿开展建构活动的必要条件。在教幼儿基本建构技能时，教师可通过示范、讲解、语言指示和启发等方法，引导幼儿主动快乐地掌握建构的基本技能。

(三)通过适宜指导促进幼儿建构水平的发展

在幼儿搭建过程中，教师还要不断添加新的辅助材料，如薯片筒、奶粉罐……以满足幼儿游戏的需要。当“动物列车”主题建构游戏持续一段时间后，教师还可以与幼儿共同讨论，围绕“火车站”“小动物坐火车”等创设出新的游戏情节。建构游戏在教师有目的、有计划的引导推动下不断延伸，幼儿的建构技能和认知经验也在游戏中得到了充分发展。

(四)幼儿记录掌握的建构技能，学会协商与合作

通过建构游戏，孩子们掌握的技能有平铺、垒高、平衡、架空、围合、对称、模式，引导幼儿把搭建的作品画在记录纸上，或者提前做好计划。建构游戏不仅能丰富孩子们的感知经验和主观体验，还能发展他们的动手能力和建构技能，更重要的是幼儿在协商、轮流、谦让的游戏氛围中，学会分享与合作，尝试创新，体验成功与失败，从而实现了幼儿个性的全面和谐发展。

在主题建构“动物列车”活动中，幼儿学会互助、合作和分享交流，使建构成果不断完善，给幼儿带来成功感。在合作探究过程中，教师鼓励幼儿协商、分工和合作，提升了幼儿的合作技能和社会交往水平。在老师指导活动的过程中，我们发现，幼儿间的相互合作、交流、探讨越多，任务分工越细化，“动物列车”的建构形象与功能就越细腻、丰富，而通过合作探究所完成的建构作品，给幼儿带来的成功感和自信心体验，将会强化幼儿的合作与建构行为，从而形成良性循环。

(胡桂叶)

我和布条一起玩

在幼儿园杜绝“小学化教育”的今天，如何探索“一物多玩”的游戏，既让幼儿玩出花样、玩出特色来，又能让老师减轻繁重的工作压力？我们利用颜色鲜艳的布条，和孩子们一起设计了《我和布条一起玩》的游戏活动，不仅体现了丰

富多彩的“一物多玩”的理念，而且增强了幼儿户外游戏活动的趣味性，发展了幼儿动作的协调性、稳定性和平衡性，使其养成遵守游戏规则和团结协作能力。

游戏实录(一)

学习了故事《漂亮的蝴蝶结》后，孩子们都想试一试打蝴蝶结，于是我在美工区给孩子们准备了许多布条，让孩子们练习打蝴蝶结。开始孩子们玩的兴趣很浓，可是玩了几天后，我发现孩子们对这个游戏失去了兴趣，因为孩子们都已经会了。再玩的时候，有的就随意折叠布条，有的编小辫子，有的把布条晃过去摆过来当尾巴玩。看到这些新玩法，我抓住契机，引导孩子们一起探索布条的不同玩法。孩子们立刻兴趣来了，柏宏说可以做花朵，一茗说可以放在腰上当尾巴，佳怡说可以当小桥……在探索的过程中，孩子们的积极性很高，不断创新和尝试，布条的游戏内容越来越丰富，花样越来越多。

区域游戏中，孩子们用布条打了好多的蝴蝶结。放在哪里呢？孩子们说：“老师，我们找个树枝把它挂在树上变成花吧。”孩子们的这个提议不错，正好幼儿园有好多的苹果枝，于是老师把它们拿到班上来，让孩子们把树枝打扮一下，孩子们非常高兴，把蝴蝶结系在了树枝上，一会儿工夫，一棵长满蝴蝶结的小树就变出来了，看到这么漂亮的树枝，孩子们也很有成就感。孩子们还把漂亮的树枝放到花瓶里，布置在教室的美工区。

游戏反思

开始学习系蝴蝶结时，孩子们兴趣很浓，很快就学会系蝴蝶结了。学会之后有的孩子就不感兴趣了，这时老师适时介入，让孩子们想办法，孩子们想到把布条系到树枝上，变成苹果花，再次提高了孩子们玩蝴蝶结的兴趣。

游戏实录(二)

孩子们在区域里继续玩布条，有的孩子试着两根放在一起扭呀扭呀，扭成了一股绳子，有的试着三根编在一起，可是由于布条是软的，动来动去，不太容易操作。怎么办呢？孩子说："老师，把它固定起来，这样布条就不会跑了。"放到哪里呢？有的说系在桌子上，有的说系到门上，翎菲说可以系到外面的栏杆上。

于是我们把布条系在室外的栏杆上，早晨孩子们来了后，就去户外玩布条了。只见有的孩子拽着布条上下颤动玩；有的两根系在一起，依次打起蝴蝶结；有的三根编小辫子；有的好几根放在一起打蝴蝶结。韶涵说："老师，这是渔网，我看见电视上的渔网就是这样织成的。"孩子们说："老师，咱们还可以做网小鱼的游戏。"于是网小鱼游戏诞生了。

网小鱼游戏是两个孩子拉着渔网去网鱼，其余的孩子在指定的圈里站好。幼儿边念儿歌边游戏："小鱼小鱼水里游，游来游去点点头，渔网来了捕小鱼，小鱼小鱼快快游。"当说到"小鱼小鱼快快游"时，扮作鱼儿的幼儿找空隙钻出去然后跑开。被网到的小鱼再拉着渔网去网鱼，游戏反复进行，同时提醒幼儿遵守游戏规则：要在画定的圆圈范围内跑，当说到最后一句"快快游"的时候，才能跑。

游戏结束后，有的孩子看见地上有剩下的布条，就把布条掖在裤子后面，玩起了揪尾巴的游戏，只见孩子们你揪我的、我揪你的，左右移动，及时躲闪，于是揪尾巴的游戏开始了。

揪尾巴游戏的关键是保护好自己的尾巴不被对方揪掉。游戏前，教师并没有说明"揪尾巴"游戏怎么玩，只是告诉幼儿游戏规则。游戏中，幼儿听到哨声后马上四散追逐揪同伴的"尾巴"。有的加速跑，不被别人追到，有的看见别人的尾巴就去拽。可见，幼儿能基于自己的经验选择适宜自己发展水平的运动方式。一直没有被别人揪掉“尾巴”但揪了别人“尾巴”的子晨说：“我看到有人背朝着我，便去追赶他，等快要赶上了，便加快速度，一把揪下他的‘尾巴’。别人要揪我的‘尾巴’时，我就快跑，不让他追上我。”老师对他的经验进行了小结：“看来要揪到别人的尾巴，一定要跑得快。”第二次游戏时，幼儿跑步的速度明显加快，躲闪能力明显提高。

孩子们在玩揪“尾巴”的游戏时提出：“老师，能不能变成像小兔子一样的短尾巴？”老师问：“为什么要变呢？”幼儿说：“兔子尾巴最短，这样不容易被揪掉。”老师及时肯定了孩子们的想法：“这个想法不错，怎么变呢？”柏宏说：“把布条对折再对折，尾巴就变短了。”老师又问：“小兔子是怎样跳的？”幼儿纷纷用“剪刀手”当小兔子耳朵，双脚并拢跳。老师说：“你们的手都变成小兔子的耳朵了，那拿什么揪尾巴呢？”经老师提示，孩子们说：“小兔子有四条腿，我们的手可以变成前腿，手撑地跳跃。”后来又有人提出，可以戴上兔子头饰，双脚并拢去揪同伴的“尾巴”。“揪尾巴”的升级版“揪兔子尾巴”的游戏产生了。

游戏反思

幼儿为了不让别人把自己的尾巴揪去，于是自然地想到将尾巴变短变成兔子尾巴，他们把布条对折再对折，变成兔子尾巴。兔子尾巴短，不容易被揪掉，然后再与动物的运动方式联系起来，增加游戏的难度。教师及时肯定幼儿的想法，并引导幼儿分析如果将兔子的角色引入游戏，他们的身体活动方式就要发生改变，从跑转变成手脚撑地跳跃或双脚并拢跳。那一旦游戏的基本动作发生变化，游戏玩法就会发生变化，游戏的价值也就会发生变化。因此，游戏中教师要注意捕捉幼儿的想法并进行有价值的判断，促使幼儿不断生成既反映幼儿经验又富有教育价值的玩法。

游戏实录(三)

游戏时,有的孩子拿着布条开始到处玩,只见有的孩子把布条放在地上,玩起了过小河的游戏,他们从开始一条一条的跳,到跨两条的跳。于是师生讨论出青蛙过河的游戏,来练习单脚跳、双脚跳、跑跳等技能。根据孩子们的玩法,我们又延伸出钻山洞的游戏,两个男孩一组,面对面站立,手拉手扯着布条搭成一个长长的山洞,让女孩钻山洞。孩子们玩着玩着就创造出不同的玩法,这时教师只需及时肯定并加以归纳,就会形成新的游戏玩法。

子晨和佳怡正在用布条系辫子,只见他俩将一根辫子和另一根辫子系起来,当他们看到辫子变长了,感到很惊奇,于是又继续拿辫子和原来的系在一起了,越变越长,只见他俩把所有的布条连起来,老师走上前问:“你们俩在玩什么呢?”“我们把所有的辫子系起来,变成一根长绳子,我们可以玩拔河游戏了。”在打结的过程中,孩子们也在感知绳子长短数量的不同变化。

游戏反思

《3~6岁儿童学习与发展指南》中明确指出:“幼儿的学习是以直接经验为基础,在幼儿和日常生活中进行的,要珍视游戏和生活的独特价值,创设丰富的教育环境,合理安排一日活动,最大限度地支持和满足幼儿通过直接经验、实际操作和亲身体验获得经验。”在布条的游戏中,我们以孩子为主体,提供适当的材料。首先捕捉孩子的兴趣,让孩子先来感受体验,调动他们参与游戏中,然后鼓励孩子们自主探索创编游戏。教师根据孩子们的创意和想法补充完善游戏规则和玩法。刚玩布条时,孩子们非常高兴,在反复操作过程中学会了打蝴蝶结。为了提高玩的兴趣,孩子们想到了“小树开花”的游戏,把布条从桌面移到树枝上进行打结,又移到室外进行。在打蝴蝶结的过程当中,幼儿会有不同的编法,有的两根打在一起,有的三根打在一起,打蝴蝶结的方式越来越多,于是玩法就越来越多:编出渔网玩网小鱼的游戏;布条掖在裤子后面玩揪尾巴的游戏;多条辫子连接玩拔河的游戏。就这样一个游戏接着一个游戏自然而然地产生了。这个过程正如《纲要》中说的,幼儿是在游戏中成长,游戏对于幼儿来说,其价值不仅是满足快乐，更应该在满足快乐的同时获得发展。一条小小的布条，让孩子们探索了多种玩法，从一开始简单的蝴蝶结游戏，到之后快乐的钻山洞，再到后来主动参与探索更多游戏玩法。这个过程不仅锻炼了孩子们肢体的灵活性，促进了身体各个机能的发展，而且还让孩子们知道了布条有柔韧性、伸缩性、变长变短的特性，也促进了幼儿与他人沟通、合作及创新、应变等能力。

游戏的过程中，教师能够根据孩子的兴趣点和发现，支持孩子们大胆尝试不同的玩法，很多新玩法都是在游戏进行中产生的，老师抓住孩子们不经意的动作，如爬、跳、拔河、钻等，鼓励孩子们大胆尝试、勇于探索，进一步创编"布"的不种玩法，如小树开花、网小鱼、青蛙跳河、拔河、钻山洞等。孩子们的创意被老师肯定采纳，这无疑大大调动了孩子们的积极性和探索欲望，增加了他们游戏中的成就感。

布条的游戏，我们在晨间和户外活动时依然带孩子们玩着，同时，我们也把孩子们的想法及时整理，根据孩子们的年龄特点，创编出更多游戏玩法，发展成全园的特色编织活动。

（李志琴）

玩纸箱

本学期，我园结合园内的需要，调动家庭和社区收集了大量的废旧纸箱，充分挖掘纸箱的游戏利用价值，并配以辅助材料的投放，开展了一系列形式多样、内容丰富的户外游戏活动。在各种材料的投放过程中，教师鼓励幼儿自己动手、动脑创造属于他们自己的游戏。幼儿在一次次的活动中不仅锻炼了体能，而且动作也越来越灵活、协调，身体素质得到了很大的提高，丰富了感知觉经验，获得了积极愉快的情感体验。

游戏实录

虞永平教授提出："物质材料是幼儿学习的基本条件，对幼儿而言，没有材料就没有真正的学习。幼儿园的活动和幼儿的学习需要特定的物质材料，这些物质材料能够使活动顺利进行，满足幼儿学习的需要并促进幼儿的发展。"废弃的纸箱不仅容易获得，而且具有经济、环保、可重复利用等特点。在收集纸箱的过程中，孩子们也懂得了废弃的物品还可以进行再利用，也有助于培养幼儿养成节约、细心、环保等好习惯。从辅助材料投放过程来看，将收集来的纸箱和一些辅助的工具，如剪刀、胶带、彩笔等材料分发给幼儿，在老师引导下孩子们自己动脑、动手参与游戏材料的制作。在这一过程中，孩子们开动脑筋、相互合作，不仅亲身体验到了“变废为宝”的全过程，而且在这其中感受着合作和成功的喜悦。从纸箱材料的投放过程来看，幼儿思维活跃，大胆运用材料，想出了多种玩法，做到一物多玩。在一次次尝试和体验中，“创造”出的游戏不仅趣味横生，而且还充满了新鲜感和想象力，幼儿的主动性也得到了发展。

主动参与的游戏，孩子们才喜欢。在运用废旧的纸箱前，我们要思考这些材料孩子们是否喜欢，可以怎么玩，能否提高孩子们原有的发展水平，因此对孩子的现有水平、经验要进行适当的了解。活动前把纸箱抛给孩子们，给他们自由玩耍的时间、空间来进行探索，教师在旁边观察，孩子们如何运用这些材料进行游戏，在与纸箱互动中都有哪些玩法？

新投放的两个大纸箱子，像两座山峰一样立在那儿，孩子们开始玩钻“山洞”的游戏。刚开始，来玩的幼儿还比较多，后来，人数逐渐减少。到后来，只有几个幼儿没离开，但又不游戏，全部躺在“洞内”休息。老师走过去，弯下腰说：“呦，你们都累了呀！”一个幼儿说：“老师，真没意思，我们不想钻了！”“那我们还可以把山洞变成什么呢，我们一起来试试看吧！”于是老师也钻进了山洞，幼儿的情绪一下子变得兴奋起来，商量着如何变换玩法。他们发现可以把三角形变成长方形，这样空间一下子扩大了许多，幼

儿就可以在里面爬，爬着爬着，发现大纸箱也在跟着他们一起向前滚。新的玩法，又吸引了许多的幼儿。因此，在单一运用纸箱本身的功能后，我们又把纸箱进行再加工，开展了更多丰富有趣的体育游戏。这样，不仅幼儿的身体得到了锻炼，而且孩子们在动手动脑、交流合作、配合方面得到了极大的锻炼。

纸箱“鞋”里跳的游戏。找一个不太大，但是能让孩子把双脚都放进去的废旧纸箱，让孩子站到纸箱里面，然后双脚稍微分开，抵住纸箱两边，进而带动着纸箱一起跳动。可以按规定的路线，还可以进行跳跃比赛。

最受孩子们欢迎的是纸箱“机器人”，在纸箱的几个侧面分别挖出两个适宜的洞，再让孩子把纸箱穿到身上，就可以让孩子变身机器人了。玩游戏时，可以给小“机器人”下达不同的指令，如捡玩具、关上门等，让他去执行。当孩子们变身成“机器人”后，行动自然就会不便，但也正因为这样，更有助于促进他们的动作发展。

大班孩子们用纸箱玩“车轨”，他们用纸箱剪出相同宽度的纸板，然后拼接在一起，再结合一些易拉罐、交通标志等辅助工具，可以搭建出一套错综复杂的汽车轨道。孩子们拿来小汽车，沿着纸箱的轨道来回行驶，自己制作搭建过程，也有助于孩子空间感和手部精细动作等能力的发展。

还有的孩子用纸箱做“拼插玩具”，用纸箱剪出形状、大小相同的小纸板，再在小纸板的边缘剪出来一些窄窄的缝隙，就可以做成好玩的“拼插玩具”了，放手让孩子脑洞大开，随便玩就可以了，这样的游戏，主要就是锻炼孩子们的动手能力和创造性。

动用全园之力的是纸箱“迷宫”，师生们共同设计、共同参与，用纸箱做出一个复杂的“迷宫”，在设计“迷宫”的时候，纸板交叉的地方，可以用剪刀稍微剪一下，来实现拼插的目的。迷宫做好后，可以给孩子一个小弹珠(或其他合适的珠子、小球等)，让孩子通过把手抬高或者降低小纸箱的动作来帮助弹珠“走迷宫”。玩这个游戏，不仅锻炼了孩子的动手能力，还有益于锻炼孩子手部的控制力。

小班孩子们喜欢玩的是纸箱“山洞”，把许多相同规格的大纸箱首尾相接用胶带固定好，做成一个长长的大“山洞”，并在山洞的侧面挖一些小洞，让孩子可以把手或头伸出来就行。“山洞”制作完成后，孩子可以爬过山洞，锻炼身体的协调性。

大班一些坐过飞机的孩子则提议玩纸箱版“传送带”，把两个相同的纸箱的盖、底剪掉，再沿着纸箱的侧面一条楞剪开，用胶带把剪开的纸箱两端相接，做成一个“传送带”，然后就可以让同伴作为行李箱，钻入“传送带”内部，手脚并用，带动“传送带”向前挪动，锻炼孩子的四肢协调性。

游戏反思

游戏与幼儿的兴趣紧密相关。兴趣又受经验和好奇心的制约，幼儿的兴趣与好奇心的保持是短暂的，很容易转移，所以幼儿对游戏从“热”到“冷”都是很正常的，通过调整游戏的材料来重新唤起幼儿的游戏兴趣，这对幼儿的发展是很有意义的。在纸箱游戏的过程中，教师始终扮演着引导者、支持者的角色，让幼儿在开放、民主的氛围下开展游戏活动。当孩子们遇到难题时，积极调动孩子已有的经验解决难题，同时也为孩子们设置一个又一个的难题，提高孩子们解决问题的能力。

我们也通过记录、拍照、视频等多种途径，梳理出孩子们的活动轨迹和游戏战略，以此来作为设置游戏规则、调整游戏材料、明确角色身份、改变游戏玩法等的依据。老师在游戏过程中，既尊重、欣赏和接纳孩子的表现，也在师幼高质量的互动中让游戏走向深入，让每一张小脸上都洋溢出开心、快乐和自豪，孩子们在游戏中的种种表现也都证明了他们的能力。通过纸箱游戏“一物多玩”，我们看到了孩子们的聪明与智慧，发现了孩子们的游戏激情和善于挑战的精神。

（史翠娟）

搭鹊桥

七夕节，老师们在为孩子们表演《牛郎和织女》的故事剧后，孩子们津津乐道的是鹊桥总是在那里就好了，这样牛郎织女就可以不分开了。老师便抓住这一契机，和孩子们一起回忆整个故事，当老师提到“最让你们感动的地方是什么”的时候，好多孩子说，最难忘的是牛郎和织女在七夕节这天在鹊桥上相会。我们也想搭鹊桥，帮助牛郎织女。搭建桥对我园孩子并不陌生。栖霞市区方圆10公里内就有十几座各式各样的大大小小的桥。在学习了《3～6岁儿童学习与发展指南》后，我们有了新的想法，每个年龄段的幼儿搭建水平不一样，他们所用到的材料、选择的场地也不一样。因此我便召集各级部的老师共同探讨怎样引导孩子搭建鹊桥。人多力量大，每位老师都有自己独特的想法：小二班的连老师想到的是，小班孩子现在只能够进行简单的拼拼摆摆，楼梯拐角处有许多带磁条的雪糕棍、黑白棋子还有一些薯片筒，我们何不利用这些材料让孩子们在黑板上搭鹊桥呢？中一班毛老师说：“我们可以先让孩子们自己设计鹊桥，然后在建构区进行搭建。”中三班的姜老师说：“对，孩子们在班级搭建熟练以后我们还可以引导孩子们到户外搭建一座能走的鹊桥。”这个想法非常好，老师们一致赞同姜老师的想法。大一班孙老师说：“大班孩子可牛了，出去玩的地方多了，都认识立交桥、高架桥等一些复杂的桥建筑，大班可以充分利用积木、纸杯等辅助材料进行高难度的组合搭建。”

各级部围绕七夕节故事进行的搭建鹊桥游戏就这样开始了……

游戏实录(一)——小班鹊桥

户外活动时，老师带孩子们来到黑板磁性区进行拼摆，事先老师已经引导孩子们对鹊桥的特点、结构有了大致的了解，小班搭建鹊桥游戏便开始了。起初孩子们并没有什么思路，正当大家思考的时候，琪琪拿起黑色棋子说“瞧我的”，很快她用黑色棋子摆出一座拱形桥，接着她的两个好朋友跑过来说：“我们用雪糕棍来铺路。”在三人的合作下，很快拼摆出一座鹊桥。

洋洋小朋友就不一样啦，他有自己的思路和想法，自己独立在搭建。老师走过去询问:“你想怎么拼摆?”他说:“我想用雪糕棍当桥面、桥墩,用黑白棋子拼摆出弯弯曲曲的小路,牛郎织女到鹊桥要先给他们铺路呀,要不他们没有办法过去。”最后在他的努力下成功摆出一座独特的鹊桥,引来好多小朋友的围观。

这时候月月说:“快看,这是我拼的天梯,牛郎可以乘着天梯去见织女啦!”这个想法很奇特,立即引来了好儿位小朋友的关注,他们纷纷加入,搭天梯、铺路,大家一起真好玩,很快他们的作品就完成了。

萱萱说:“瞧!这黑白棋子像不像石头路?”东东也跑过来说:“哇!你摆的路好漂亮啊!石头路好玩,我要在你的石头路旁边做一艘小船,这样牛郎就可以坐着船去和织女相会啦。”

游戏反思

平时看起来很不起眼的雪糕棒,贴上磁条,就成为孩子们手中的搭建材料,对孩子的发展起到了不可估量的作用,不但增强了幼儿的环保意识,而且还能促进幼儿不断探索、玩出新的花样,发展幼儿的动手能力、想象力和创造力。围棋的棋子在孩子手中不光是用来下棋而已,也可以用于幼儿的游戏中,比如:拼摆、排序、找规律等。作为一个用心的老师,不仅要收集材料,还要懂得材料的运用。

游戏实录(二)——中班鹊桥

中班孩子在纸上设计出了心目中的桥,他们选择的材料是积木。在老师的引导下,孩子们主要讨论解决如下问题:搭建的桥用到哪些形状的积木?先搭建哪里?最后搭建哪里?经过孩子们的不断探讨、合作,最后搭建出一座属于自己的鹊桥。

孩子们经过一段时间的搭建，已经能熟练地搭出桥了，因此师生决定到户外尝试一下搭一座真的能走的桥。搭建一座能走的桥可不是一件容易的事，好多问题摆在了孩子们面前：用什么来当桥的支撑点？用什么来当桥面？用什么当斜坡？怎样才能让桥面更牢固？经过讨论，孩子们搬来了轮胎、大凳子、梯子，用小推车推大型积木，反复尝试，经过一个上午的持续探索，终于搭建出一座能走的桥。怎么完成的呢？他们把多个轮胎放在两边做桥面的支撑点，用梯子当桥面，再用长条木板在梯子上平铺，然后在两边放上梯子。像模像样的鹊桥搭好了，孩子们的心愿在努力下得以实现！

游戏反思

中班的幼儿已经能够根据目标来使用叠高和架空技能进行搭建了，从孩子们的搭建过程中可以看出，中班孩子的作品里面有对称、模式、垒高，同伴之间合作意识增强、分工明确，能根据自己设计的图样进行有目的的搭建和创造。这一次的搭鹊桥体验，从室内小规模到室外大规模，从技能熟练掌握到有创造性地使用替代物品，增强了幼儿解决问题的能力，同伴间的交往互助也更加密切了。

游戏实录（三）——大班鹊桥

大班孩子决定自己设计互通式立交桥。他们经过查阅资料、百度找答案、请爸爸妈妈帮忙等途径，完成了自己的设计作品。老师请每个孩子介绍自己的想法，最后大家一起讨论，决定分成六个小组，每组成员一起商量怎样搭建，如需要用到什么材料，怎样分工等，选出设计最合理的桥，商量好了，各小组便开始他们的合作搭建。

二组的晨晨需要做一个红绿灯，从材料区找来橡皮泥，然后和洋洋凑在一起讨论红绿灯的做法。他们都有自己的想法，在同伴合作下，搭建出了许多老师也想不到的细节：用橡皮泥做的红绿灯、用扑克牌做的马路围栏和桥、用磁力片和饮料桶做的商场等。最后老师还给孩子们布置了一个小任务，把搭建桥所用到的材料统计下来，孩子们拿来纸、笔开始分类统计，认真完成记录。

游戏反思

大班孩子搭建桥的时候，希望搭建出安全、互通、能够连接上下的大桥。孩子们尝试运用一些方法去调整桥墩的高度、下坡，失败倒塌也不气馁。他们反复尝试、验证自己的猜测和想法是否可行。在造型上，丰富多样，搭建出的作品让老师也感到惊喜；在材料运用上，除了用积木搭建外，还充分利用了其他各种材料来丰富自己的作品；在技能上，围合、镂空、对称、模式等各种技巧都能大胆运用；在能力上，同伴间的合作也越来越多，小组分工明确，同伴互动有效。更为重要的是，孩子对搭建的建筑之间相互联结，使作品更为复杂了。

在搭建中，教师应该更加关注孩子玩的过程，也要时刻反思自己，做一个倾听孩子心声的好老师，放手让孩子们去做，哪怕他们做得并不是很好，时间久了，他们就会有自己的判断、自己的想法，也会越来越能干。

（苏美瑜）

“鸡蛋”里的数学智慧

《幼儿园教育指导纲要》中把数学教育列入科学领域，如此一来就把数学学习与对自然界的探究有机地结合为一体，从中我们能深刻地认识到：孩子对数学的认知是以在对具体事物的探究过程中所获得的感性认识为基础的，数学知识的获得必须是孩子通过与物体、外部世界直接地相互作用，在活动中自我建构起来的。从《纲要》的目标定位来看，幼儿园数学教育的价值取向更注重孩子对数学的兴趣、情感和态度，更重视孩子在数学认知活动中发展起来的积极情感，关键在于为孩子的终身学习奠定基础、提供动力。

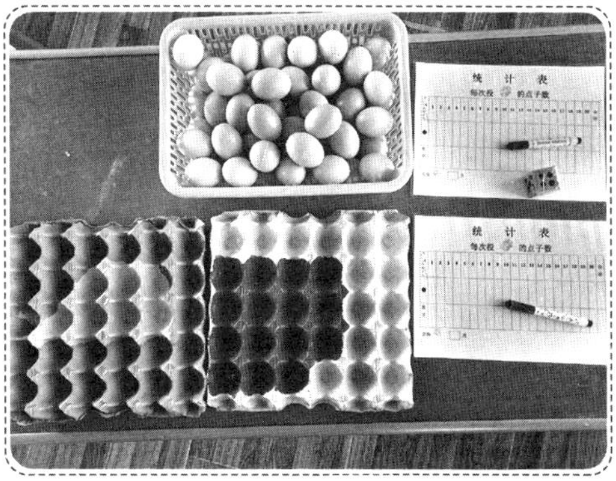

基于此，数学教育应扎根于孩子的生活，从孩子的现实生活中挖掘数学教育赖以展开的资源。让孩子通过各种亲身经历去感受、去体验，从而建构初步的数学概念，让发现问题、思考问题、解决问题的过程成为幼儿园数学课程的核心。

鸡蛋是孩子每天都会接触到的美食，孩子们非常喜欢它。幼儿园新进了一批手工蛋，在老师的精心设计下为孩子的数学学习提供了无穷的乐趣。小小的手工蛋焕发出新的生命力，成为孩子数学学习最好的游戏伙伴。

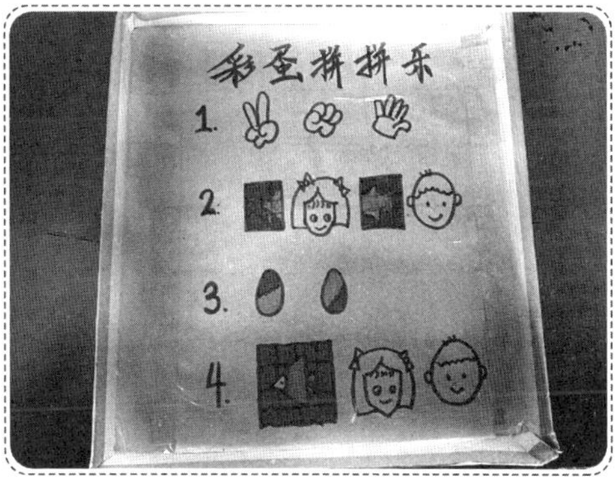

游戏实录

桐桐和晓萌今天选择了“共有几个蛋”的游戏活动，在选择使用点数骰子还是数字骰子时两人发生了分歧，桐桐想用数字骰子，晓萌想用点数骰子，最后两人商定的结果是：先用一个点数骰子玩一会儿，再用两个数字骰子玩一会儿。商量好后两人开始了游戏，他们先用点数骰子，第一次猜拳的结果是桐桐赢了，他掷了一下骰子，两人看了看一起说：“5，拿 5 个蛋。”于是，桐桐从筐里拿了5 个蛋放在蛋托上。接下来的猜拳过程中出现了 3 次平局，晓萌笑着说：“这咋回事呀？咱俩怎么老出一样的呀？”桐桐也笑了，说：“对呀，要是老这样咱俩就光猜拳就行了。”两人嘻嘻哈哈笑了一会儿，再次猜拳的结果是晓萌赢了，她高兴地说：“哈哈，我赢了。”她掷了一个 3，然后，很高兴地在蛋托上摆了 3 个蛋，接着，

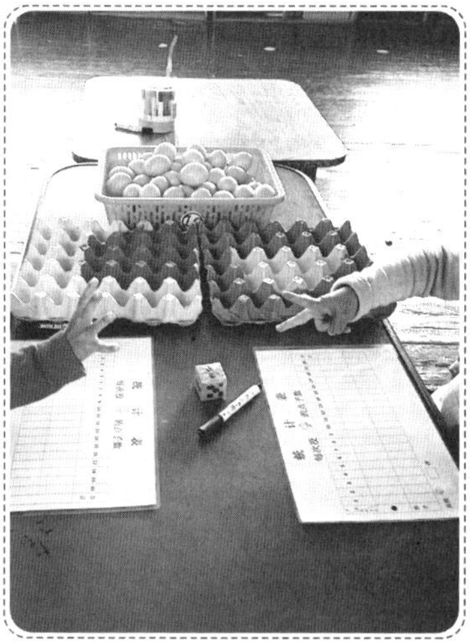

两人开始在记录纸上做记录，桐桐没有一个一个在记录纸上完整地写好了算式：5+3=8。晓萌先写好了“5+3=”，然后用手一个一个地点数蛋托上的蛋，数完后在“=”后边写下了“8”。他俩用点数骰子玩了 4 次，然后，按照事先的约定，将一个点数骰子换成两个数字骰子，换成一次掷两个数字骰子后，桐桐还是能很快地算出结果，晓萌还是需要一个一个地点数蛋托上摆的蛋才能写出结果，两人玩得很开心，一直玩到区域活动结束。

游戏反思

在计算最后结果时，桐桐不需要一个一个地点数两次拿的蛋，而是直接在记录纸上完整地写好算式，晓萌每次都需要一个一个地点数蛋托上摆的蛋才能写出结果，从两人的上述行为不难看出：桐桐对数量的目测能力较强，并且，具有一定的抽象数运算能力；晓萌还做不到一下子目测出共有几个蛋，说明晓萌还不具备抽象的数运算能力，还处于数运算能力的具体运算阶段。

数学教育不仅仅是幼儿园教育中的一项基本内容，同时也是孩子表现生活、反映生活、认识周围环境的一种科学方法。数学来源于生活，又必将回归生活。对孩子进行数学教育的宗旨是引导孩子在生活中学习和应用数学。

幼儿园里的数学教育强调的是“生活中的数学”，我们可以理解为：在孩子的实际生活中，通过孩子的现实活动，引导孩子对生活和游戏中的现象用数学知识去认识和理解。

“生活中的数学”关注的是孩子对生活和游戏的观察与理解，关注的是孩子对数学学习的兴趣和态度，关注的是数学基本知识在孩子实际生活中的运用。

“生活中的数学”兼顾了孩子数学学习的兴趣原则与应用原则。引导孩子在生活中发现数学、在生活中学习数学、在游戏中运用数学，这是我们每个幼儿教师应有的共识，也是我们每个幼教工作者一直努力想要达成的目标。

在孩子的数学学习中，教师应该借助自己专业性的教学策略和数学智慧在活动中创设一定的“生活情境”，将数学问题巧妙地设计到生活情境中。生活化的数学活动，一方面为孩子提供了充满数理逻辑的生活情境，让孩子以数学的思维和方法解决生活中的实际问题；另一方面又强调让孩子在解决生活中的冲突和矛盾当中，感受数学学习的乐趣，满足孩子的好奇心，同时，帮助孩子积累探究经验，避免数学学习机械化。

（刘青峰）

彩布真有趣

“六一”活动结束后，用来装饰布置舞台用的彩色布引起了孩子们的兴趣，只见他们有的藏在下面躲猫猫，还有的在上面爬过来爬过去，玩得开心极了，于是我们给孩子们提供了更多颜色、更宽、更长的彩色布，放手让孩子们在布的世界里尽情地玩耍。

游戏实录

户外活动时，孩子们都想玩彩色布的游戏，于是老师拿出了几条不同颜色的布。哇！彩色的布好漂亮呀！孩子们瞬间被布吸引住了，接着就跑过去拉扯起布的边缘，在孩子们的抖动下，彩色布一会儿像浪花一样忽高忽低，一会儿又像是一条宽宽的小河，还像一条冰河激励我们勇敢地闯过去，又像是健身器材可以让我们锻炼身体。琪琪说：“老师我们来玩捉小鱼吧。”于是两个老师拉住布的两边，孩子们躲到布的下面，一起说着儿歌：“大鱼来了小鱼来，小鱼来了

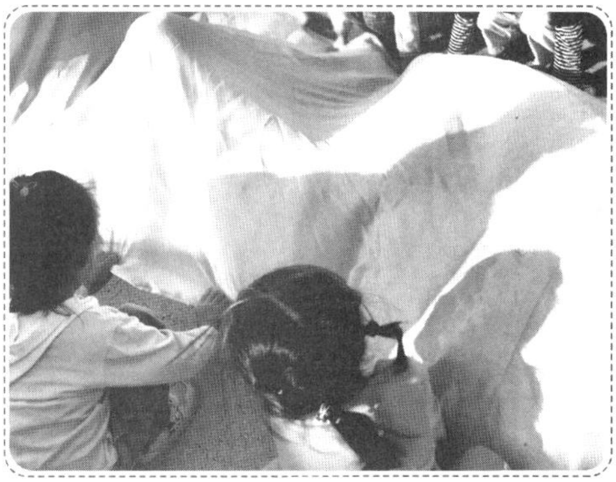

虾蟹来,大家都来了,捉住你喽!"

孩子们开心地学小鱼游,听到最后一句,就四散逃开,开心极了。游戏还在继续着。看!小朋友一会儿变成了小鲤鱼,在彩色布上开心地游来游去;一会儿在小朋友的抖动中,变成了大波浪、小波浪;一会儿比一比看谁能够乘风破浪,最先爬过去。

游戏反思

通过用彩色布创设不同的游戏情境,让幼儿在游戏的情境中主动地去探索、去体验,真正体现幼儿在活动中的主体地位。游戏情境层层深入、由易到难,让幼儿体验到游戏中的乐趣,从而使本次活动达到科学性、趣味性、愉悦性的和谐统一。孩子们从一块彩色布想到玩"大海浪、小海浪""海底隧道""捞鱼"的游戏,可谓玩法多样。这些游戏都是从幼儿生活中来的,所以幼儿游戏时就表现出了极高的兴趣,并能全身心地投入。游戏中,我们引导幼儿运用自然动作,从"大海浪、小海浪"到"海底隧道"到"捕鱼"这样的游戏设计循序渐进,使幼儿在轻松快乐的游戏中提高了S跑、跨跳和各种各样爬的技巧,巧妙地锻炼了幼儿的上肢力量还有身体的灵敏性,发展了其创造能力,培养了幼儿顽强拼搏、机智果断的良好品质,身体也得到了全面的锻炼。

(王丽丽)

玩横幅

庆"六一"活动后,老师们正在拆掉挂在舞台上的横幅,在院子里活动的孩子们看见了,有的顽皮地在横幅下面兴奋地钻来钻去,有的舞动横幅,有的在横幅上滚来滚去,玩得不亦乐乎。何不利用这废旧的横幅来引导幼儿自主探索游戏，充分挖掘这一材料的多种用途呢？于是我们把横幅作为游戏材料，和孩子们一起自主创新了一系列户外游戏。

游戏实录

院子里的横幅拆下来，老师们直接随意地放在那里，想看看孩子能怎样玩。孩子们看见了都跑过去，随心所欲地玩了起来，有的在上面打滚，有的把横幅举到头顶上，其他小朋友躲在横幅下面。这时领头的子赫说："咱们来舞大龙吧。"其他孩子一听，立刻抓着横幅的两边，跟着子赫往前跑，子赫变了方向，后面跟着的小朋友也紧跟着转变了方向，大家玩得很开心，直到满身大汗，才停了下来。这时老师问："你们在玩什么，这么高兴？"小朋友们你一言我一语地说："老师，我们在玩舞大龙的游戏，子赫是龙头，他往哪跑我们就跟着往哪跑，我们的大龙可威风啦。""是吗？你们可真有想法，咱们可以用横幅玩舞龙的游戏了。"孩子们玩累了，有的干脆坐在横幅上面休息，一会儿有的又闲不住了，就在上面翻跟头、打滚。我一看，翻跟头这可不行，太危险了，想马上制止，但是看到孩子们正玩得高兴，于是我就和孩子们讨论起来，怎样滚才安全。孩子们七嘴八舌地讨论起来，最后一致认为躺着左右滚比较安全，于是小刺猬的游戏诞生了。

孩子们在横幅上滚来滚去，子升说："老师，咱们还可以用横幅来划船。""这主意不错，怎么划呢？"他说："把这个大横幅变成船的样子。"好多孩子都响应他的玩法，柏宏说："要过端午节了，我们玩赛龙舟的游戏吧。"于是大家把横幅折起来，钻到横幅里面，手把着横幅的边，分成男女两队进行划龙舟比赛。

游戏反思

本次活动我们选择了日常生活中的废旧物品——横幅作为游戏材料。其实在我们身边，每一样东西除了它特定的用途外，投上教育的眼光之后，还可以挖掘出许多其他功用。整个活动过程，孩子们自己探索游戏的玩法，然后老师再加以归纳总结，创造了新颖、有趣的连环游戏，用积极、自主的状态逐步过渡到规则性强的活动中来。

活动开始时孩子们自由探索，兴趣很高，在老师的引导下，都能主动进行探索。他们或三五成群，或独自一人，不仅用自己的方式进行探索，同时也观察、学习别人的方式，进行多种尝试。舞龙、小刺猬、划龙舟其实是幼儿探索横幅玩法的一个经验提升，对幼儿社会性发展起着促进作用。其中舞龙和划龙舟是团体合作的游戏，不仅增加了与同伴交往的机会，还能相互合作，建立良好的同伴关系。小刺猬、划龙舟有利于幼儿遵守规则，形成集体意识，为适应未来社会生活奠定了良好的基础。在游戏中，孩子们都能按照规则有序地进行游戏。这些游戏活动，不仅有利于幼儿感受游戏的乐趣，而且还有利于培养幼儿的集体荣誉感。

（李志琴）

玩地垫

幼儿园有一批园舍整修时替换下来的地垫，堆放在幼儿园的一个角落里，这些在成人眼里看似不起眼的废旧物品，在孩子的眼里那可是宝贝。如何利用好这些废旧地垫，让它焕发出新的生命力，为孩子的成长做一点小小的贡献呢？

首先，我们每天带孩子户外游戏时，会有意识地引导孩子去探讨地垫的各种玩法，好多孩子在老师有意识的引导下会拿出地垫玩耍。大班孩子的合作意识比较强，游戏过程中他们会自发地进行分工合作，他们较中班孩子具有更强的解决问题的能力。因此在游戏的设计上，我们给予了孩子更大的自主空间，让孩子自主探索研究地垫的各种玩法。通过不停地搬运地垫，既可以锻炼孩子的运动能力，又可以培养孩子在游戏中解决问题的能力及同伴间的交往能力。

游戏实录(一)——地垫桥

又到了户外活动时间了，子墨和晓萌这两天对地垫的兴趣很浓，今天她俩又来到地垫处，拿起地垫迫不及待地玩了起来。前两天她俩玩地垫时只是简单地拼拼摆摆，今天看看她俩是否能有新的玩法，于是老师就对子墨和晓萌说："地垫很好玩，但是玩的时候要动脑筋，今天老师要看看你们两个大班姐姐能不能玩出和其他小朋友不一样的玩法。"她俩说："我们肯定能行。""那我期待你们的新玩法哦！""那你看着我们吧！""好的。"说完子墨和晓萌就开始玩了起来，子墨一边将地垫搬到地上，一边对晓萌说："咱俩搭座桥吧？"晓萌说："好，你去搬地垫，我去找桥墩。"子墨说："好。"于是，她俩分头行动，子墨一会儿就搬来了一大堆地垫，她看晓萌还没找来桥墩，就先在地上用地垫搭了一条长长的"桥面"，"桥面"搭好了，晓萌的桥墩才拿过来。子墨和晓萌试着将"桥面"抬起来，将易拉罐支在"地垫桥"下面，可是，想整体支起"地垫桥"可不是那么容易的事，支了这块那块就断开了，晓萌对子墨说："你来帮帮我，好吗？"子墨很爽快地答应了。子墨用手托着"桥面"，晓萌拿着罐子，一个一个垫到地垫下面，她俩一会儿跑到这头，一会儿又跑到那头，有时候还趴到地上，小心翼翼地将罐子放到了每一块地垫下面，小桥慢慢一点一点地"立"了起来。她俩围着"桥面"转了几圈，仔细地检查了一遍，确定"地垫桥"已经完成了。两人互相击了一下掌，然后，一脸自豪地让我看一看。

“这座桥很不错，桥上还有什么？”“还应该有汽车在跑。”晓萌一边比画一边说，于是，她从筐里取了个易拉罐当汽车放在了“桥”上，然后，她跑到“桥”的另一边说：“这里是汽车跑下来的地方。”说完她很小心地又拿了个易拉罐放倒后接在“桥”的一头，她发现用一个易拉罐放倒后和上面的桥面接不起来，转身又拿了几个易拉罐，和第一个放倒的易拉罐一起摆成了一个斜坡，再把地垫斜铺在上面，这样，从桥上下来的路就铺好了。然后她跑到“桥头”，跪在“桥”的一侧，将易拉罐“汽车”轻轻推动了一下，“罐子汽车”从“桥”上骨碌骨碌滚到“桥”下。随后，更多的易拉罐“汽车”从“桥”上开到了“桥”下。

游戏反思

有了一些拼地垫的经验后，子墨很明确地告诉我她们要用地垫搭桥，子墨请好朋友一起合作来完成桥的搭建。晓萌在支桥面时遇到了困难，她请子墨帮忙托着“桥面”，然后将易拉罐一个一个分别支撑在了垫子下面，她有时低下头弯下腰，有时趴在地上，每个罐子都小心翼翼地支撑在了每块垫子下面，直到桥面都被支撑起来为止。她们的游戏看起来到这里就结束了，在我的一句“这座桥很不错，桥上还有什么？”的启示下，晓萌想到把易拉罐当成小汽车，在“桥”上玩起了开汽车的游戏。同时她还对桥面进行了修改，将“桥头”经过修改后形成了一个坡度，这样汽车在从“桥”上开下来时就很顺畅了。看着“罐子”汽车一个一个地顺着斜坡滚下来，她们很开心，连连说：“真好玩！”就这样，“罐子小汽车”一辆接一辆地都从桥上开到了桥下。

晓萌在游戏中表现出了立体架空的建构技能，孩子的想象力真的是我们成人所不能及的。在孩子的眼中，易拉罐可以是桥墩，也可以是小汽车，还可能是其他物品，孩子们想要的一切可以用任何物品来替代，替代物让孩子们的游戏更加丰富、更加生动、更加精彩。

游戏实录(二)——比比谁的长

今天户外活动时，乐乐和嘉嘉来到地垫处，各自拿起地垫开始一个接一个地往前拼摆，她们谁也没有搭理谁，看她俩各顾各地忙碌着，老师走过去说："你俩在比赛谁摆的长吗?"乐乐和嘉嘉互相看了看说："对。"说完她俩开始加快了拿取地垫的速度，由原来的慢悠悠地玩，变成一溜小跑不停地来回快速地拿、拼，她们俩进入了一种比赛模式，乐乐看嘉嘉的长龙比自己的长了，赶紧加快步伐，两人忙忙碌碌地穿梭在地垫库与拼摆的长龙之间，一会儿，两人的小脸就出汗了，可是她俩谁也没有停下来的意思。拼了一会儿可能是有点累了，乐乐一把拉住了嘉嘉的手，对嘉嘉说："停，我们的比赛到此结束，看看我俩谁的长吧?""好吧，咱比比看吧。"说完嘉嘉看了看两人的长龙说："我的长。"乐乐说："不对，我的长，你看你的才到这，我的比你的长出这么多呢，是我的长。""不对，你看，我的这边比你的长。"嘉嘉指着两人地垫的起始位置说。"可我的这边比你的长这么多，肯定是我的长。"乐乐无比坚定地说。乐乐说她的长，嘉嘉说她的长，两人各抒己见，互不相让。老师在一旁饶有兴趣地看着她俩争来争去，没有干预她们的争论。

她俩争了半天谁也说服不了谁，就来找老师评判。"嘉嘉的开始位置比乐乐的长，乐乐的结束位置比嘉嘉的长，到底是谁的长呢?"她俩急切地看着我说："对呀，你快说呀，我们俩谁的长?""你们看看这些地垫的大小都是一样的吗?"她俩看了看地垫说："对，都一样大。""一样大小的地垫，地垫的数量越多连在一起就会越怎么样?"乐乐和嘉嘉看着老师没反应过来，拿起五个地垫，起点对齐，分别以两个一组、三个一组的方式拼接起来，上下摆成两排，然后问她俩："你们看，这两组那个长?"乐乐和嘉嘉毫不犹豫地指着三个地垫的组合说："这个长。""这个长的有几个地垫?""三个。""这个短的呢?""两个。""那现在你俩有没有办法知道谁的长了?"乐乐和嘉嘉互相看了看，突然间恍然大悟，高兴地说："知道啦，知道啦，谁的地垫多谁的就长。""真聪明。"老师朝她俩竖了竖大拇指。她俩高兴地跑过去数自己的地垫了，老师则在旁边静静地等着她俩的结果，数完后，嘉嘉的地垫共用了 30 个，乐乐的用了 31 个，乐乐高兴地说："我的长。"嘉嘉说："我的就比你的少一个，要不咱俩的就一样长了。"

游戏反思

中班的孩子已经有了初步的合作意识,所以,乐乐和嘉嘉开始时的无交流、无合作的游戏是中班孩子不应该有的状态,而且她俩开始时的玩耍只是一种毫无目的、无意识的随意摆弄,此时介入她们的游戏,用“你俩在比赛谁摆的长吗?”这样一句简单的话,使乐乐和嘉嘉的无意识游戏活动变成了有计划、有目的的比赛活动,让毫无意义的随意摆弄变成了两人有趣的比赛活动,增强了游戏的趣味性,同时,增强了游戏的知识性。

中班孩子对于长短虽然有了一定的认识,但当两端不齐的两条长龙摆在孩子面前时,想要比较出他们的长短对于中班孩子来说还是很难的。乐乐和嘉嘉向老师求助时,老师没有直接告诉她们结果,而是通过用两个和三个地垫的拼接直观呈现,让孩子通过观察来获得长龙长短与地垫数量之间的关系,这样的介入指导比直接告诉孩子结果更有意义。

授人以鱼,不如授人以渔,授人以鱼只救一时之急,授人以渔则可解一生之需。在教育孩子的过程中,应该通过教师的有效引导,让孩子通过自己的观察、思考获得解决问题的方法,这些技能将会让孩子受用终生。教师也沉浸在了孩子们的游戏中,孩子的游戏就是这么的简单、有趣,在简单之中呈现着孩子无穷的想象力。

游戏实录(二) —小火车与大地毯

上午的户外游戏时间到了,老师向孩子们介绍了“地垫”这一新投放的材料,让孩子们探索一下地垫的玩法,看看谁的玩法好,比比谁更会玩。桐桐、洋洋、多多、大凯这四个孩子拿起地垫开始了他们的探索,游戏一开始,桐桐和洋洋将地垫搬到了绿草坪上,他俩商量好要拼一个大地毯,并约定一人负责大地毯的两个边,然后,两人开始拼起来,你拼一块,我拼一块,一会儿工夫大地毯就拼好了一大块。

桐桐专注地拼着,突然他看见中间少了一块,于是就取了一块要补上去,他小心地拿着地垫,将地垫的一边和已经拼好的垫子一边对齐,然后轻轻地往下压平。在压平的过程中他发现垫子的另一边没法拼，于是就将拼好的地垫拆了下来，然后，他试着先拼左手边的一边，他用手压了压，又再次将垫子拆了下来。桐桐跪在地上，一手撑地一手拿着垫子比来比去，将地垫的上边对齐拼，好像不行，于是他用垫子比画了一下，发现左手边的地垫还是没法拼，他就放下手中的地垫，把左手边的那块拉了下来，可他拉了一下，又放弃了，重新拿起原来的那块，想把它拼到右手边的下面去，突然，他发现地垫上有一只小虫子，他乐呵呵地跑来告诉老师他的新发现。

这时洋洋发现大地毯中间缺了一块，于是取了一块拼起来，边和边对齐，用手压一压，好了！他看了看，发现地垫右边高起来了，就用两只手使劲压，可是没有用啊，试了几次后，洋洋放弃了。

桐桐告诉完他的新发现又回到大地毯那边，他蹲下来看着缺少的那块想了想，然后，开始动手把洋洋拼的拆掉，同时将旁边的一块也拆了。他将拆掉的重新拼，边和边对齐，一块拼好了再接着拼另一块，桐桐仔细地拼着。“哈哈，总算拼好了。”他长舒了一口气说，“洋洋，咱们的大地毯完工了。”他俩高兴地击了一下掌，一下子跳到大地毯上，躺在大地毯上打起滚来，自己拼的大地毯躺上去真是太舒服了。

另一边，多多和大凯在拼小火车，多多一直专注地拼着“小火车”，他把地垫一块接一块地拼成了长长的一条，多多兴奋地在小火车上爬着。这时，大凯的地垫都用完了，他对身边的多多说：“多多，给我一块地垫行不行？”多多从小火车上拆下一块递给大凯，大凯接过来接着拼。大凯连续跟多多要了三块地垫，多多都爽快地拆给了他。很快，大凯的小火车、多多的小火车就与桐桐、洋洋他们的大地毯连接在一起，多多和大凯从他们的小火车上爬到桐桐、洋洋的大地毯上，四个人在大地毯上坐一坐、躺一躺、滚一滚、玩一玩，快乐洋溢在他们的脸上。

游戏反思

桐桐和洋洋是大班组的孩子，两人合作拼大地毯，并各自负责大地毯的两个边，从中可以看出桐桐和洋洋的合作分工意识比较强，做事情有一定的计划性。当看见小虫子时，桐桐高兴地跑过来告诉老师，说明桐桐做事情的专注性还不是很强，容易被其他事情所干扰，但他做事情还是比较认真专一的，在补中间缺少的那块时，虽然多次尝试但始终没有放弃，最后终于拼好了。

洋洋遇到困难时比较容易放弃，他没有经过多次的尝试就放弃了填补大地毯的空缺。多多是个比较随和、不计较、爱帮助别人的孩子，当大凯向他要地垫时，他可以拆下自己小火车上的地垫给大凯，要了三次也不烦。大凯比较有礼貌，愿意和小朋友一起游戏，需要帮助时，能友好地提出请求。

纵观整个游戏过程，每个孩子都能从游戏中获得快乐和满足，每个孩子都为自己的活动成果感到高兴，小小的废旧地垫承载着孩子们无尽的童年欢乐。

（刘青峰）

黑管子里的快乐

随着人们生活水平的不断提高，孩子们的玩具档次越来越高，花样也越来越多，但是，我们经过观察不难发现，对于这些精美的高档玩具，往往是刚买来时，孩子新鲜一会儿，新鲜劲过后就放在一边很少再玩了。然而，孩子们却往往对一些废弃的瓶瓶罐罐、树叶杂草、木棍石子等材料情有独钟。这些随手可得的自然材料为什么会那么吸引孩子们呢？

老师们发现，越是低结构的游戏材料越能给孩子的创造性发展提供空间。另外，这些材料随处可见、收集方便，这就为我们有目的、有计划地将废旧材料运用到幼儿的游戏活动中奠定了一定的物质基础。

各种各样的管子在我们的生活中随处可见，天真无邪的孩子对外界的一切事物都有着强烈的好奇心，他们对一切事物都充满着强烈的探究欲望，因此，我们先从孩子的日常生活入手，与孩子们一起探究哪些管子、什么样的管子和人们的日常生活紧密相关？孩子们在探索的过程中，认识到管子给人们的生活带来了方便和快捷，孩子们可以通过自己的想象和创造，用管子进行创造性的游戏活动，也可以用管子进行简单的造型，感受管子游戏的乐趣。

前段时间幼儿园收集了一些工地施工切割下来的黑管子下脚料，这些废弃的东西在孩子们的眼里那可是无价之宝，于是，我们将黑管子投放到沙池中，供孩子们进行创造性游戏活动。

游戏实录

饭后散步时孩子们来到沙池里，大凯发现沙池里散放着许多黑色的管子，就兴奋地说："哇，这么多的黑管子。"听到大凯的喊声，其他孩子的兴趣也都一下子被黑管子吸引去了。

"那你们想怎么玩呀？"听了老师的话孩子们七嘴八舌地说开了。"可以用管子搭房子、搭城、搭车，还可以把管子接起来变个迷宫……""那你们今天想怎么玩？"孩子们最后确定了今天要建一个"地下迷宫"。

游戏开始了，沙池里一下子就热闹起来了，孩子们拖的拖、扛的扛，把管子一个一个地拿到自己想要摆放的地方，竞予看到小骏拿不动管子赶紧过去帮忙，他看到操场边的小推车，马上来了主意："小骏，你等着，我去把小拖车拖过来，咱们用小拖车拖管子。"可是，小拖车在沙池里根本拖不动，竞予最后放弃了用小拖车运管子的想法。

游戏开始后的几分钟，孩子们还是处于一种无组织的各玩各的状态，有的守着自己拿到的管子东看西看无从下手，有的用管子随意摆放。看到孩子们的游戏状态，老师对他们说："孩子们，你们不是要建一座'地下迷宫'吗？""对呀。""那迷宫是什么样子的呢？"

大凯说："迷宫应该很大的，外面要连起来，还要有出口和入口，里面是要拐弯的，一格一格的，有的格可以通过，有的格是堵上的不能通过的。""说得很对，可是你们现在各干各的，怎么才能把‘地下迷宫’建起来呢?”大凯想了想说:“咱们先把外边围好再建里边吧。”其他孩子听了都表示同意，于是大凯就成了“地下迷宫”的总设计师和施工现场指挥官，他指挥其他孩子先把迷宫的外围连接在一起，他现场指挥着:“这里可以连起来，把那个拿过来和这个管子连起来……”大凯很有大将风范，指挥得像模像样，一会儿工夫“地下迷宫”已经有了雏形。

既然是“地下迷宫”，就应该是建在地下的，于是，孩子们商定要将“地下迷宫”用沙子隐蔽起来，把所有的黑管子埋在地下。孩子们用自己找到的各种工具开始挖“地下迷宫”的坑道，若妍用白管子刮，嘉嘉用空易拉罐刨、用手扒，多多和桐桐用废旧水杯往外掏，糖糖和昊廷用黑管子铲，所有可利用的工具都被孩子们利用上了，他们各忙各的，不亦乐乎。大凯找来了一个带三通接头的管子，用它当镐头挖地道，他一下一下用力地刨着，一会儿头上就出汗了，可没有停下来，还是不停地刨，直到刨出的坑道能够埋过管子才停了下来，在孩子们的共同努力下，地下迷宫终于建成了。孩子们高兴得又叫又跳，开心得不得了。

游戏反思

对于游戏玩法，我们没有进行预先设计，主要目的是想在无预设的情况下，充分发挥孩子的创造性，然后老师通过观察发现孩子的兴趣点，以便为今后孩子们利用黑管子玩游戏提供更好的帮助与支持。

今天是第一次玩黑管子，孩子们在开放、自由的活动氛围中尽情

地探索、尝试，这对孩子们来说是再开心、再有趣不过的事情了。虽然最后的“地下迷宫”没有像大人期待的那么完美，但孩子们收获了很多：他们爱动脑、爱动手、有协商、有谦让、有分工、有合作、有探索、有交往……他们能利用一切可以利用的工具建造他们心目中的“地下迷宫”并最后完成，在这个过程中，孩子们充分调动多种感官，通过看、想、说、做，不断尝试和探索，在此过程中孩子们心情愉悦，活动的积极性被充分地调动起来了。

“高结构”与“低结构”的游戏材料之间并没有好坏之分，我们应该根据不同的游戏情境、不同的游戏群体，选择结构多样的游戏材料。应倡导“以低结构材料为主、其他结构性材料为辅”的材料投放方式，引发孩子多角度的游戏构思、游戏思维、游戏行为和游戏联想。

（刘青峰）

玩瓶盖

前段时间，班级开展了活动“收集东收集西”，请家长将家中不用的生活物品带到教室，心灵手巧的教师可以将其变废为宝，做成玩具。我们发现带来最多的是矿泉水瓶盖，五颜六色的瓶盖吸引了孩子们的眼球，他们争相抢夺，看谁抢得多。教师立即制止，并告诉孩子们：“想得到一样物品，要用文明、礼貌的方式来角逐。谁有好办法，说来听听。”孩子们说，石头剪刀布、投骰子，赢到的宝贝放进自己家里，谁也不许动；所有宝贝加起来，最后数数谁赢得多……综合孩子们的所思所想，“巧夺阵地”游戏登场了。

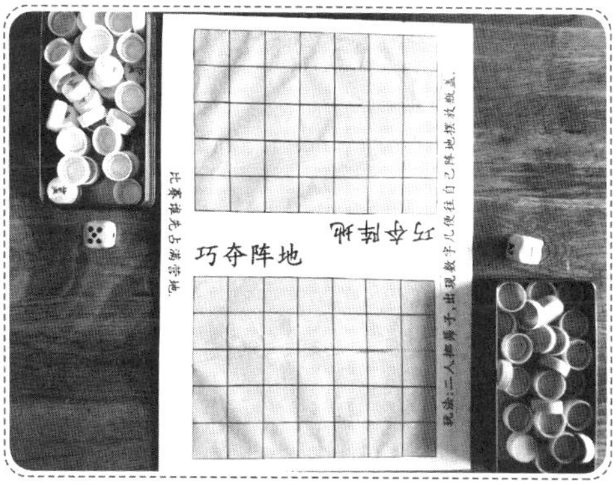

游戏实录

诗桐和跳跳面对面坐在桌子两头，她们中间摆放着操作板，诗桐是蓝方，跳跳是白方。诗桐手拿画有点点的骰子，抛出后，正面显示 5 个点，诗桐说：“哈哈，我的阵地里要放 5 个瓶盖。”诗桐一边拿瓶盖一边往阵地里摆放，一个方格放一个瓶盖。跳跳说：“该我了。”跳跳手拿写有数字的骰子，一丢，数字 6 朝上，跳跳说：“我赢了 6 个。”跳跳将 6 个瓶盖摆放在自己的阵地里。诗桐又投了一次骰子，这次是 4 个。诗桐说：“第一次投了 5，第二次投了 4，一共是 9 个。”跳跳这次投出了数字 3，跳跳说：“我的总共是 9 个，我们的一样多。”诗桐和跳跳轮流投骰子，最终诗桐先将自己的阵地摆满瓶盖。

游戏反思

4～5 岁年龄段幼儿的关键经验中，数经验方面要求要让幼儿通过实际操作理解数与数的关系。游戏中，诗桐和跳跳在游戏中理解了 5 个和 4 个合起来是 9 个，6 个和 3 个合起来是 9 个，可见游戏在幼儿数经验发展方面起到重要的作用。

游戏既要有趣又要考虑到幼儿的差异性，也就是能让不同能力水平的幼儿都有获胜的机会。游戏中的骰子设有两种，一种是带有数字的，一种是带有点点的，能力强的幼儿选用数字骰子，能力较弱的孩子可以选用带有点的骰子。

这是一个师幼共同互动生成的游戏，这一游戏的玩法规则是师生们共同讨论而出的。作为教师，必须充分考虑幼儿的当下经验和能力，真正做到使游戏成为幼儿自己的游戏，使之成为幼儿成长过程中极具价值的

基本活动。

将矿泉水瓶盖用作幼儿游戏的材料，是幼儿熟悉的，有亲切感的，而且具有安全性。在游戏的同时，我们还渗透了让幼儿从小养成节约、不浪费好习惯的培养。这个游戏给我们老师的启发是：在我们生活中，资源是有限的，但是创意是无限的，充分利用废旧物品的过程也就是激发创意的过程。

（鲁言妮）

小猪佩奇快递

户外活动时，经常会看到孩子们骑着小车，拉着几个箱子、瓶子、篮球，玩送快递的游戏。这几天，班上的孩子对动画片里的小猪佩奇感兴趣，经常一边骑着小车运箱子，一边嘴里还喊着：我是小猪佩奇。

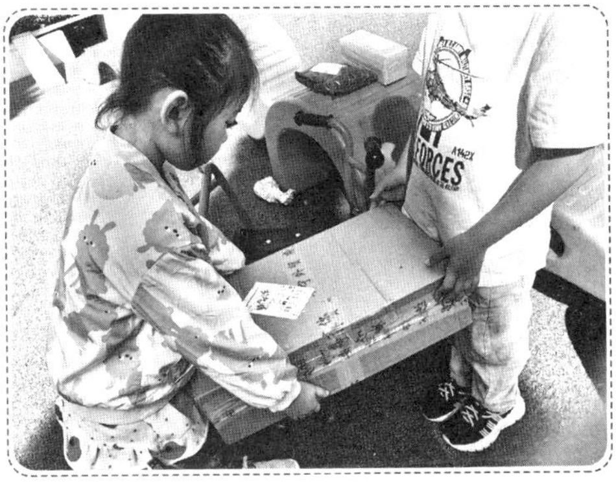

游戏实录

今天孩子们又在骑小车，一会儿老师就听见吵吵嚷嚷的声音，过去一看，只见韶涵和浩男在抢小车，老师忙询问："怎么回事呀？"浩男说："老师，我要送快递，可是韶涵不给我车子骑。""老师，是我先骑的，我也要送快递。"看到孩子们这么爱骑小车送快递，老师问："都想骑小车，怎么办？"有人提议说："我们开个快递公司吧，规定谁送谁就送。"这主意不错，于是老师问："怎么开啊？"孩子们各抒己见，讨论结果是要找一个地方，要有桌子，还要填写单子，最后骑着小车送物品，还可以送外卖。于是我们成立了一个快递公司，孩子们给它起名

为“小猪佩奇快递”，孩子们的理由很充足，因为小猪佩奇很可爱，喜欢小猪佩奇。

快递公司开始创建了，孩子们到仓库收集了许多的盒子，然后一起设计签名，一起设计快递单……终于快递公司开始营业了，只见孩子们有条不紊地忙碌着，有的填写快递单，有的打包快递，有的开着小车送快递……只见雨涵拿来一个箱子，梓辰接过箱子，贴上小猪佩奇的标志，然后喊快递员梓晨，告诉他把快递送给文浩，梓晨拿到快递后骑着小车就奔目的地，找到文浩后很有礼貌地说：“浩浩，这里有你的一个快递，你能签收一下吗？”“好的，谁给我寄的啊？”“是俊宇给你的，请给我打个好评。”开心的文浩很快就签上设计的标记，还认真地说：“谢谢你们，再见！”收到快递的文浩非常高兴，跑去和品男一起拆开快递。整个过程中，孩子们各司其职，像真的快递员一样。

游戏反思

送快递游戏对孩子们来说，非常熟悉，因为都看见过爸爸妈妈寄快递、收快递。玩这样的游戏不仅可以使孩子们倍感亲切，更重要的是立足于孩子熟悉的生活，可以使孩子在送快递过程中，促进对快递员这一角色的社会认知，加强同伴交往、语言表达、问题解决等能力的发展。正如《3～6岁儿童学习与发展指南》中说的一样：游戏有利于幼儿社会认知的发展；游戏有利于幼儿亲社会行为的形成；游戏有利于幼儿良好道德品质的形成；游戏有助于幼儿良好个性和积极情感的发展；游戏有助于幼儿园、家庭、社区的多向交流。陈鹤琴先生十分倡导“生活即教育”的理念，认为教育来源于生活，回归于生活，而且特别注重生活化的教育。因此我园的游戏都是基于孩子的生活，基于孩子们当下的经验，本游戏就是从孩子感兴趣的骑小车出发，选取孩子熟悉的送快递作为游戏的内容，整个过程先是从孩子们杂乱无章地玩游戏，到后来成立快递公司有序地玩、有挑战地玩，孩子们的能力也随着游戏进程逐步得到提升。

（李志琴）

结　语

朴实无华成长路　不忘初心幼教情

1990 年我从山东省乳山幼儿师范学校毕业，18～49 岁，扎根幼教 30 年，我的教育理想也越来越简单朴素，那就是：让栖霞孩子能享有最好的幼教。

从教以来，历经一线教师、级部主任、工会副主席、工会主席、副园长、园长，荣获过优秀共产党员、优秀教师、教学能手、幼儿园名师、特级教师、齐鲁名校长人选等荣誉，我一直坚持的是“不以聪慧警捷为高，而以勤确谦抑为上”的做人之道。伴随我成长的是心中一直心存敬畏：敬畏专业，且行且思；敬畏老师，他们是我学习和反观自身的镜子；敬畏孩子，他们是一个个有着无限发展可能性的独特的生命个体。这些年不断指引我的是：强烈而迫切的学习愿望。幼儿园的发展之路，是一条不满足、不确定的充满问题之路：怎样让游戏中的学习看得见，赢得家长的理解和支持呢？怎样让孩子在游戏中获得的认知和经验是连续的而不只是片段呢？怎样让教师助推或者支持孩子发展的专业行为更为精准呢？这些萦绕在脑中的困惑让我迫切地进一步学习。

30 年的幼教之路，沉淀出来的是我越来越清晰的教育思想。一是时刻关注孩子的发展。凡事都不追求轰轰烈烈的结果，而是追求过程中孩子们能够获得什么。在一日生活的每一个细节中，让点点滴滴的小事变成对孩子的习惯养成教育、情感提升教育和能力积累教育。二是朴实无华但随时随处充满关爱和用心。绿化带里，是老师从山上刨来的一坡一坡的野花；废旧轮胎里，是品种丰富的方寸小“菜园”；孩子们探究蚯蚓、打雪仗、冻冰花、搭鸟窝、护树养树……花草虫鸣中，独立与眼界慢慢养成。三是教师能和孩子们一样自主成长。倡导“舞台是你的，自信地站上来"的团队对话文化；注重营造幼儿教师不是苦行僧，也需要快乐和幸福地彼此尊重的氛围；推行教师需要奉献和敬岗，也需要培训和健康的可持续发展思想。让每一位教师和孩子们一样，都能放松身心、自主活动，从容，淡定，自然，真实。

我收获的是："体健、阳光、乐学、友爱、聪慧"的幼儿培养目标日渐清晰；"专注于爱、专注于研"的教师精神气质跃然而出；涌现出一批永怀理想和激情的优秀教师团队（第三期齐鲁名校长人选 1 人、山东省特级教师 2 人、山东省教学能手 2 人、山东省百佳教师 1 人、烟台市幼儿园名师 4 人、烟台市教坛新秀 3 人、烟台市学科带头人 1 人、烟台市教书育人楷模 1 人、烟台市优秀教师 4 人、栖霞市名师 3 人、栖霞市十佳青年教师 1 人）。

2013 年以来，幼儿园先后被省教育厅认定为山东省示范性幼儿园、山东省巾帼文明示范岗、山东省家庭教育指导示范站、山东省百所家园共育示范幼儿园、山东省游戏活动实验园、全国足球特色园、烟台市安全文明校园、鲁东大学实践基地，连年获栖霞市文明单位称号。

学前教育三年，事关孩子一生的成长，我肩上的责任就是让孩子拥有更精彩的人生和未来。我期待自己能有更广阔的视野和更系统的专业学识，能做更多对孩子发展好的、对的事。

王梅英
2020 年 11 月